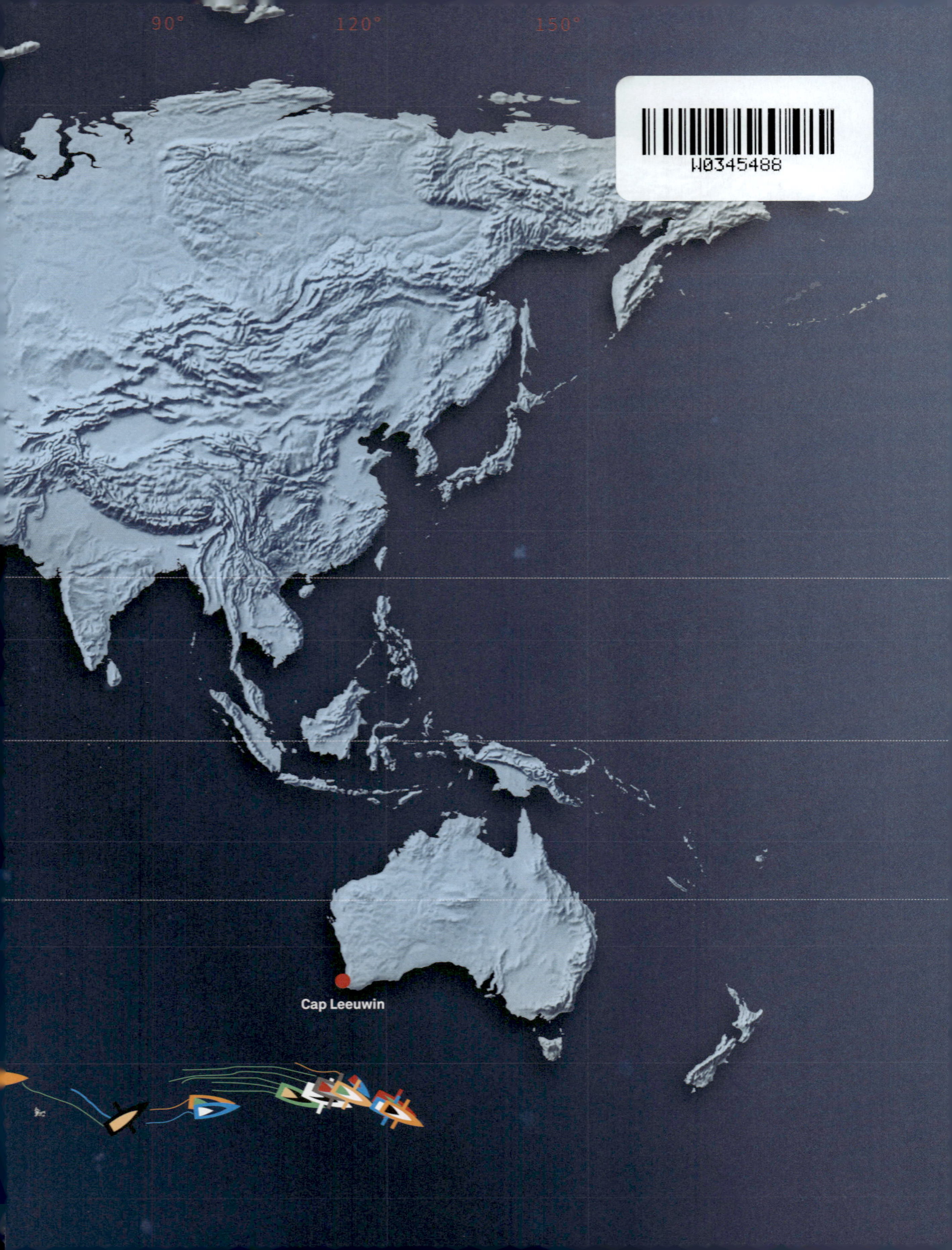

90°
120°
150°
Cap Leeuwin

VENDÉE GLOBE

2020-2021

À Hugues de Saint Vincent avec qui la passion a pris corps,

À Léo, pour toutes les aventures qu'il te reste à vivre,

À l'équipage, Candice Roger, Jacqueline Lasry et Ariane Galateau,

À toutes les équipes du Vendée Globe, autour d'Yves Auvinet, Laura Le Goff, Stéphanie Ruchaud, Yannick Bersot, Ophélie Eynard et Jacques Caraës,

À l'équipe à terre de la « rédac du Vendée Globe », à leur confiance, leur bonne humeur et leur amitié : Camille El Bèze, Olivia Maincent, Anne Gourcuff, Marie Launay, Frédéric Pelatan, Dominique Bourgeois et Andy « Show » Robertson,

Aux trente-trois marins et à leurs équipes, les fabuleux conteurs de cette édition.

Ouvrage dirigé par Candice Roger
Conception graphique : Ariane Galateau

Crédits :
Les photos de couverture et d'intérieures sont d'Olivier Blanchet - Jean-Louis Carli - Vincent Curutchet - Bernard Le Bars - Arnaud Letrésor - Jean-Marie Liot - Yvan Zedda / ALEA pour le Vendée Globe.
P. 74-75, 76-77, 78-79, 114-115, 116-117, 118-119, 138-139, 140-141 : Oskari Porkka/Shutterstock

34-36, rue La Pérouse, 75116 - Paris

ISBN : 9782755688863
Imprimé par PPO
Dépôt légal : mai 2021

vendéeglobe
Les Sables d'Olonne

LE LIVRE OFFICIEL

VENDÉE GLOBE

2020-2021

ANTOINE GRENAPIN

Hugo Image

SOMMAIRE

PRÉFACE

Le Vendée Globe 2020, une édition inédite !

Simple, extrême et universel, le Vendée Globe est la plus difficile et la plus impressionnante des courses à la voile au monde, et ses protagonistes en sont de véritables héros authentiques.
L'incroyable aventure humaine qu'ils viennent de nous faire vivre, aux confins du monde, fait encore écho dans nos cœurs.
Le don de soi et le courage dont ont fait preuve, heure après heure, ces femmes et ces hommes nous rappellent, s'il en était besoin, que ce tour du monde en solitaire, sans escale et sans assistance, est bien plus qu'une course au large.
Oui, cette neuvième édition du Vendée Globe restera sans nul doute longtemps gravée dans nos mémoires... Entre sourires et larmes, les marins auront pu savourer ce bonheur incommensurable d'être allés au bout d'eux-mêmes.
En prenant le large dans un contexte jusqu'alors jamais vécu, ils ont embarqué avec eux des millions de passionnés. À l'heure du confinement et des journées d'hiver, cent quatre-vingt-dix pays ont retransmis les nombreux moments de peur comme de bonheur, et plus d'un million de joueurs à travers le monde les ont accompagnés quotidiennement avec Virtual Regatta.
Oui, le Vendée Globe 2020 aura été inédit, et les exploits nombreux ! Exploit d'avoir franchi la ligne d'arrivée, contre vents et marées ; exploit de s'être engagés depuis plusieurs années dans cette nouvelle aventure. Jamais autant de skippers ne se seront élancés au départ de l'Everest des mers ; et un exploit innommable. Sauvé des eaux par Jean Le Cam, Kévin Escoffier aura connu la plus belle des victoires de cette course au grand large : la victoire sur la vie. Ainsi s'achève cette édition 2020, qui ancre encore davantage la légende du Vendée Globe dans l'Histoire !

Yves AUVINET
Président du Département de la Vendée
Président du Vendée Globe

Le grand départ du 8 novembre.

FRA1000
GROUPE APICIL
GROUPE APICIL
ibis SPORT

AVANT-PROPOS

Ainsi donc, six femmes et vingt-sept hommes ont pris la mer, un dimanche ensoleillé de novembre 2020.

Depuis trente et un ans, aucun Vendée Globe ne ressemble à un autre, parce que chaque marin y a écrit sa propre histoire. Traverser les mers du globe est un récit en soi, et tant de navigateurs l'ont démontré avant eux.
À terre, tout semble s'accélérer, porté par la rapidité de l'information et la frénésie de la digitalisation. Les navigateurs se sont aussi adaptés, mais ils restent réduits à leur état d'homme, si frêles face au gigantisme des océans. Il leur faut résister aux fronts, s'engouffrer dans le Pot-au-Noir, gérer l'anticyclone de Sainte-Hélène, dévaler le Pacifique, affronter les mers du Sud, apercevoir le cap Horn et retrouver l'Atlantique.

À une époque où l'on ne s'aventure nulle part

Depuis la terre, un Vendée Globe oblige à plisser les yeux face à des pictogrammes sur une cartographie coincée derrière un écran. Il pousse aussi à une formation accélérée de météorologue, et on ne doute pas que des milliers de Français sont désormais aptes à remplacer ceux qui ont pignon sur rue avant nos journaux télévisés du soir. Il contribue, ainsi, à intégrer une idée qui ferait rêver n'importe quel géant du net : une série, un épisode quotidien pendant cent seize jours, trente-trois personnages et des rebondissements en pagaille.

La terre a regardé ces étranges aventuriers dans une époque où l'on ne s'aventure nulle part. Cet automne 2020 s'est solidement accroché à la mémoire collective, et ces marins n'y sont pour rien : l'Europe, pour la deuxième fois en moins de six mois, s'est retrouvée cadenassée, contrainte de limiter ses déplacements, de se calfeutrer, d'éviter les contacts et tout ce qui fait lien social. Une bataille se menait et elle n'avait rien de sportif, dans les hôpitaux et au-delà, pour lutter contre un virus qui avait le don de se propager à une vitesse folle. Les établissements de santé étaient saturés, les villes vidées. Et Les Sables d'Olonne, qui s'apprêtaient à vibrer et saluer les marins avant leur départ, ne faisaient pas exception.

Tous privilégiés de pouvoir s'élancer

Il fallait déambuler dans les artères de la ville, les soirs avant le grand jour, pour palper cette ambiance étrange, le vent froid qui piquait le visage et qui ne charriait rien des rires, des tintements de verre et de l'esprit de fête qui animaient l'endroit quatre ans auparavant. Les équipes, si promptes à célébrer une première victoire – être au départ d'une course mythique – s'en tenaient à la chaleur de maisons louées et claquemurées. Les marins finissaient par appréhender un ultime test Covid avant de prendre la mer. Il s'est avéré négatif pour tous, une approbation sanitaire afin de s'élancer pour de bon. « *Nous sommes les porteurs d'une responsabilité collective* », écrivait Arnaud Boissières, vieux loup de mer, avant un quatrième tour du monde. Ses confrères d'embruns le pensaient tous, privilégiés qu'ils sont de s'aventurer, de mettre le cap vers l'horizon et de dérouler un récit palpitant et saisissant tout au long des plus de 21 000 milles (40 000 km) à parcourir.

L'histoire d'un frisson

Quand les échanges ne sont plus que virtuels et les déplacements proscrits, ceux qui ont la chance de partir offrent un élan, une vague d'enthousiasme, un vertige au goût iodé et une envie folle de ressentir, de s'attacher à eux. Dans les foyers, les écoles, les maisons de retraite, à la ville, à la campagne ou sur la côte, chacun son favori, son histoire de cœur, sa vidéo qui touche, son sourire qui ravit. L'histoire, au-delà du scénario à rebondissements, des moments de détresse et des petits bonheurs du bord, se niche peut-être dans le frisson, l'émotion ou le sentiment d'exaltation qu'ont ressentis des millions de personnes en suivant trente-trois des leurs se confronter à ce que la planète compte de plus brut et de plus sauvage, ses océans.

<< NOUS SOMMES LES PORTEURS D'UNE RESPONSABILITÉ COLLECTIVE. >>
ARNAUD BOISSIÈRES

PAROLES D'ANCIENS VAINQUEURS

ARMEL LE CLÉAC'H

**Vainqueur de l'édition 2016-2017
en 74 jours, 3 heures, 35 minutes
sur Banque Populaire VIII
Recordman de l'épreuve**

« Ce Vendée Globe s'est disputé dans un contexte particulier à cause de l'absence du public. Malheureusement, on ne l'a vu que trop rarement, si ce n'est pour certaines arrivées, de jour, à l'image de celles de Benjamin Dutreux, Clément Giraud et Jérémie Beyou. Mais le virus n'a pas enlevé l'émotion forte qui était perceptible entre les marins, leurs proches et tous ceux qui ont pu assister au départ et aux arrivées. Nous avons vécu une course inédite, une bagarre rare et un final époustouflant. Qui aurait pu imaginer que les dix premiers allaient traverser la ligne d'arrivée en moins de 72 heures ? C'était un scénario qu'on était loin d'imaginer. À la différence des éditions précédentes où il fallait attaquer en permanence, celle-ci était davantage une course de patience, d'observation. L'incertitude jusqu'au bout à plusieurs facteurs. Les conditions météorologiques et la difficile descente de l'Atlantique ont eu un impact sur les temps de référence. De plus, les favoris n'ont pas eu l'opportunité d'éprouver leurs bateaux lors des deux transatlantiques, annulées cette année à cause de la situation sanitaire. Si l'on ajoute cela aux avaries rapides de Jérémie Beyou et d'Alex Thomson, cela a rendu la course beaucoup plus ouverte. Ensuite, le sauvetage de Kevin Escoffier, qui a beaucoup marqué les esprits, a sans doute poussé la flotte à davantage de prudence. On a eu l'impression d'un long round d'observation, même si Yannick (Bestaven) et Louis (Burton) ont tenté de changer de rythme en tête de course. Cette édition a démontré à quel point il était important d'éprouver et de fiabiliser les bateaux neufs. Peut-être que les nouveaux IMOCA ont besoin de plus de temps pour y parvenir. Mais le jeu reste très ouvert, car aucun cabinet d'architectes ne peut se targuer d'avoir la mainmise sur la flotte. Et on se rend compte qu'il faudra un bel alignement des planètes pour que le record de 74 jours soit battu ! »

« LE VIRUS N'A PAS ENLEVÉ L'ÉMOTION. »

« UN SCÉNARIO COMPLÈTEMENT DINGUE. »

FRANÇOIS GABART

Vainqueur de l'édition 2012-2013 en 78 jours, 2 heures, 16 minutes sur Macif

« Le bilan de cette neuvième édition n'a rien d'évident tant les histoires ont été multiples, tant le parcours et les aspirations de chaque marin étaient différents, tant les rebondissements ont été permanents et le scénario complètement dingue. Les conditions météorologiques, aussi particulières qu'assez exceptionnelles, n'ont jamais favorisé les hautes vitesses pour la tête de course et n'ont pas permis à la flotte de s'étirer fortement.

Avec mon approche de compétiteur, j'ai forcément été intéressé par la course à la victoire, les changements fréquents et l'incroyable dénouement. Mais, dans le même temps, j'ai été émerveillé par les histoires racontées dans toute la flotte, avec ces marins parfois en difficulté, qui ont dû faire face à des avaries, qui sont repartis, qui n'ont pas arrêté de s'accrocher. Il y a eu ainsi une accumulation de faits très divers qui se sont enchaînés, ce qui est très rare dans une course aussi longue. Et c'est aussi ce qui a permis à chaque spectateur d'y trouver un intérêt fort.

Dans un contexte délicat marqué par la crise sanitaire, le Vendée Globe a démontré la capacité de résilience de la course au large et sa faculté à rester magique. Il faut saluer l'ensemble des acteurs de s'être démenés pour qu'il ait lieu. Car le Vendée Globe illustre à merveille le rôle de la course au large dans notre société. En ces temps où il n'était pas possible de jouir d'autant de liberté à terre, les marins ont suscité le rêve, l'espoir, l'évasion. Ils ont offert un bol d'air, une petite récréation qui manquait tant. Alors qu'un débat a eu lieu sur ce qui doit être essentiel ou non, notre sport – s'il est, bien entendu, moins fondamental que la santé et l'éducation – nous dit quelque chose sur ce dont on a besoin collectivement, par les fortes émotions qu'il suscite et son incroyable capacité à fédérer. »

PAROLES D'ANCIENS VAINQUEURS

VINCENT RIOU

Vainqueur de l'édition 2004-2005 en 87 jours, 10 heures, 47 minutes sur PRB 3

« Il y a eu du sport, de l'aventure, des rebondissements... Seul le Vendée Globe est capable d'agglomérer autant d'histoires, de moments de tension et de joie. J'ai ressenti une émotion forte tout au long de la course. Forcément, nous avons tous en tête la nuit où Kevin (Escoffier) a dû abandonner son bateau, où quatre skippers se sont déroutés, et cette longue attente jusqu'à l'issue heureuse et le sauvetage de Jean Le Cam. J'ai pris beaucoup de plaisir à suivre la course, j'ai aimé ce qui nous rassemble à chaque course : l'authenticité des hommes de mer, leur capacité à se surpasser et à faire preuve d'une incroyable solidarité.

« PERSONNE NE POURRA JAMAIS FAIRE DU LE CAM ! »

Comme beaucoup, j'ai apprécié l'esprit qu'a insufflé Jean. Il a eu cette capacité à exister dans la course alors que personne ne l'attendait. Dans le sport, il est rare d'avoir un homme de soixante-et-un ans qui parvient à tirer le meilleur de cet incroyable concours de circonstances. C'est une personnalité unique, qui réserve toujours des surprises et qui transmet sa passion en toutes circonstances.
Les skippers se sont toujours copiés, mais personne ne pourra jamais faire du Le Cam !
Pour de multiples raisons – la préparation tronquée par la crise sanitaire, les conditions météorologiques –, les favoris ne sont pas parvenus à tirer la quintessence de leurs bateaux. C'est ce qui a contribué à rebattre les cartes, à rassembler en tête de flotte des bateaux de générations différentes et à favoriser ce scénario qui nous a tenus en haleine jusqu'au bout.
Les derniers-nés des foilers ont besoin de temps pour se développer. Mais ce sera forcément le cas lors de l'édition 2024. »

«JE MESURE ENCORE LA CHANCE QUE J'AI EUE DE PARVENIR À ALLER AU BOUT.»

© Michel Desjoyeaux / Alea

MICHEL DESJOYEAUX

Unique double vainqueur du Vendée Globe
Vainqueur de l'édition 2000-2001 en 93 jours, 3 heures, 57 minutes sur PRB3
Vainqueur de l'édition 2008-2009 en 84 jours, 3 heures, 9 minutes sur Foncia

« Ce Vendée Globe restera marquant pour sa participation record – trente-trois skippers engagés – et surtout pour l'incroyable suspense jusqu'au bout (les huit premiers skippers arrivés en l'espace de 24 heures). Le spectacle, le « show », l'intensité doivent beaucoup à des conditions météorologiques qui n'ont jamais été favorables à ceux qui menaient la course.
Le comportement des foilers m'a déçu : leur développement est encore jeune et pas assez mature, ce qui n'est pas le cas des bateaux traditionnels à dérives qui sont très aboutis.
Lorsque tu participes au Vendée Globe, tu ne te rends pas compte que tu vis une aventure extraordinaire, une aventure qui sort de l'ordinaire, parce que la passion ne permet pas de mesurer ton propre exploit. À voir chacune de leurs galères, et leur capacité à se surpasser, je mesure, même douze ans après mon dernier Vendée Globe, la chance que j'ai eue de parvenir à aller au bout.
Il y a eu beaucoup de courage chez les femmes et les hommes qui se sont élancés. Chez Jean Le Cam, qui a parcouru les deux tiers de la course avec son fond de coque cassé. Chez Louis Burton, dont j'ai beaucoup aimé la combativité, qui termine troisième alors qu'il aurait pu abandonner à de multiples reprises. Chez Thomas Ruyant, qui a su préserver son bateau et être toujours dans le coup. Chez Jérémie Beyou, qui est reparti après neuf jours alors qu'il s'élançait pour l'emporter ou encore chez Arnaud Boissières qui termine un quatrième Vendée Globe de suite.
La déception est forte, en revanche, pour Alex Thomson, Isabelle Joschke, Samantha Davies… Mais personne ne doit être terrifié par l'abandon ou ressentir de la culpabilité. Car ce que le grand public perçoit, ce sont des femmes et des hommes qui tentent, qui se trompent, qui reviennent plus forts, qui chassent leurs doutes… En somme, ils voient seulement des marins qui vont au bout d'eux-mêmes. »

PRB

LE TEMPS D'AVANT

« ON N'A LE CHOIX QUE DE RESTER PHILOSOPHE ! CE N'EST QUE DU SPORT. CE N'EST RIEN PAR RAPPORT AUX CONSÉQUENCES SUR LA VIE ÉCONOMIQUE. » CLARISSE CRÉMER

Course contre-la-montre tronquée et confinée

En ce début d'année, la France a découvert un mot : « confiner ». Les trente-trois skippers du Vendée Globe s'apprêtent tous à l'être dans quelques mois.

Mais eux aussi doivent rivaliser d'ingéniosité alors que tous les plans sont bouleversés par huit semaines à rester calfeutré chez soi. Or, c'est la période où tout s'accélère : sorties de chantier, mise à l'eau, fiabilisation… Là, il faut attendre, même quand on a remis son IMOCA à l'eau une semaine avant le confinement comme Yannick Bestaven, même quand le bateau vient d'arriver au chantier comme Sébastien Destremau.

La créativité boostée

Chez les skippers, on s'adapte. Certes, impossible d'aller au chantier, mais il reste tant à faire. Ils sont beaucoup à renforcer leur préparation physique : Sam Davies, Clarisse Crémer et Maxime Sorel suivent des cours préparés par des coachs sportifs, Jérémie Beyou enchaîne les kilomètres sur son vélo d'appartement, Charlie Dalin assure « *faire du sport à la maison et des footings pas loin* ».

Les ingénieurs continuent à travailler à distance et certains se rendent aussi dans les chantiers, comme chez TR Racing pour Thomas Ruyant : « *Certains préparent le bateau avec des protections et en respectant les gestes barrières.* » Puis il y a tout le travail au calme : l'étude des routages, les formations météo, l'étude des polaires du bateau…

Les skippers en profitent aussi pour passer du temps en famille. « *On avait peur de ne pas être de très bons parents cette année* », s'amuse Sam Davies, heureuse de partager du temps avec Romain Attanasio et leur fils Ruben. De quoi booster la créativité : on a vu la petite famille s'amuser sur un Optimist au milieu de leur jardin ou encore Clarisse Crémer, arrosée par son compagnon, s'entraîner à mouliner sur sa terrasse. Dès les premiers jours du « déconfinement » en mai, PRB, Apivia, Initiatives-Cœur, Charal, CORUM L'Épargne, Banque Populaire X, V and B - Mayenne, LinkedOut, DMG MORI Global One, L'Occitane en Provence sont remis à l'eau. L'histoire est en marche.

Soir d'annonce du confinement national. Les bénévoles évacuent les derniers visiteurs.

la mie CALINE
PURE
MACSF
TSE
Art&Fenêtres
newrest
Sodebo
VENDÉE

« SAVOIR GÉRER LES IMPRÉVUS À TERRE COMME EN MER, C'EST UN PEU LE BA.-BA. » ARMEL TRIPON

Vendée-Arctique-Les Sables, répétition générale !

Pour cinq skippers, l'avenir s'est assombri en ce milieu d'année. Clément Giraud, Isabelle Joschke, Kojiro Shiraishi, Sébastien Simon et Armel Tripon devaient en effet parcourir une transatlantique afin de valider leur qualification au Vendée Globe.

Or, en avril, New York-Vendée-Les Sables puis The Transat CIC (la Transat anglaise) ont tour à tour été annulées. Pour y remédier, le Département de la Vendée, en accord avec la classe IMOCA, a proposé l'organisation d'une course inédite : la Vendée-Arctique-Les Sables d'Olonne. Au programme ? Un départ au large le 4 juillet, pas de village pour répondre aux contraintes sanitaires, mais un beau parcours sportif avec un triangle dans l'Atlantique Nord aux confins du cercle polaire sur 3600 milles (6600 km). Si Nicolas Troussel, Alex Thomson (pour des raisons d'organisation), Alan Roura, qui attend un heureux événement, et Benjamin Dutreux (raisons budgétaires) ont décidé de faire l'impasse, ils sont vingt-deux à s'élancer et à mettre le cap vers le Grand Nord quand les terriens rêvent de Sud, de soleil et de farniente. Les conditions sont délicates, les marins « *profitent de chaque minute pour apprendre encore* » (dixit Beyou) et les organismes comme les bateaux sont soumis à rude épreuve. Sébastien Simon casse son foil tribord, Damien Seguin son support d'alternateur, Kojiro Shiraishi a un problème de hook de grand-voile, Armel Tripon une avarie de structure, Boris Herrmann endommage son chariot de têtière de grand-voile…

Et puis, il y a la tête de course, un trio magique, Beyou-Dalin-Ruyant, séparés de moins d'1h15 à l'arrivée. « *On a fait la course ensemble, on ne s'est pas quittés, ils ont super bien navigué* », confiait le skipper de Charal vainqueur et admiratif. Puisqu'il s'agit de course au large, les belles histoires sont partout : Isabelle Joschke qui boucle la course sans bôme avec une grand-voile « *bricolée* » et réduite au deuxième ris, puis Clarisse Crémer, Charlie Dalin et Kevin Escoffier qui réussissent leur première course en solitaire à bord d'un IMOCA. En l'espace de dix ou onze jours de course, ils ont tous rappelé l'intensité, la fièvre et le bonheur de la course au large. De quoi aiguiser un peu plus l'enthousiasme et l'attente avant le Vendée Globe, prévu cinq mois plus tard.

Charlie Dalin (Apivia) bien engagé
pour le Vendée Globe.

Inauguration du village avec tous les skippers, trois semaines avant sa fermeture pour raisons sanitaires.

Les jours d'avant

Quand on se prépare sans relâche pour le même objectif, que l'on a dû affronter les appréhensions, les doutes et les heures de travail, le contexte ne peut entamer l'enthousiasme du moment. Alors, il y a de la joie sous les masques, le 17 octobre, date de l'inauguration du village.

« *Ça fait toujours quelque chose d'arriver aux Sables d'Olonne* », apprécie Romain Attanasio. « *Nous sommes très fiers que cette course se déroule* », ajoute Louis Burton quand Fabrice Amedeo souhaite adresser « *un grand merci d'avoir organisé le Vendée Globe malgré le contexte sanitaire* ». « *C'est toujours exceptionnel d'être ici, j'ai presque mes petites habitudes ici* », s'amuse Jérémie Beyou. Et c'est parti pour les derniers réglages, les sollicitations partenaires, les rencontres médiatiques. Mais treize jours plus tard, la détérioration de la situation sanitaire oblige les organisateurs à fermer le village. Les skippers, eux, doivent débuter un confinement imposé avant de s'élancer.

L'une des semaines les plus agitées habituellement se déroule ainsi au calme, à l'abri des regards, dans un hôtel (Jean Le Cam), une location avec l'équipe (Kojiro Shiraishi, Clarisse Crémer) ou en couple (Sam Davies et Romain Attanasio), à la maison (Jérémie Beyou, Arnaud Boissières, Charlie Dalin, Sébastien Simon). Certains se sont autorisé une dernière session de surf (Maxime Sorel) et tous ont fait le plein de repos pour être prêts le jour J.
Certes, il a fallu passer un ultime test PCR, et une forme de fébrilité gagnait les rangs avant d'en connaître le résultat, la veille du départ. Heureusement, tous furent négatifs. Le grand « show » – même à huis clos, même privé des fans et des badauds – peut donc commencer.

« UN GRAND MERCI D'AVOIR ORGANISÉ LE VENDÉE GLOBE MALGRÉ LE CONTEXTE SANITAIRE. »
FABRICE AMEDEO

Arnaud Boissières (La Mie Câline - Artisans Artipôle) s'amusant devant les photographes pendant son confinement.

Jean Le Cam (Yes We Cam !) saluant les photographes depuis son hôtel Ibis, son partenaire, confiné avant le départ.

Clarisse Crémer (Banque Populaire X) depuis le balcon de sa location prise pour le confinement.

Sam Davies (Initiatives-Cœur) et Roman Attanasio (PURE-Best Western®) confinés ensemble au calme.

Dernière partie de golf pour Damien Seguin (Groupe APICIL) avant le grand départ.

La séance de surf de Maxime Sorel (V and B - MAYENNE) lui aura permis de penser à autre chose qu'au départ approchant.

Jour J – Le ponton s'éveille

6 heures du matin, dimanche 8 novembre. Le froid est prégnant, les rues désertes. La seule agitation se situe dans un hangar à proximité du port. On distingue des silhouettes, le pas rapide, les bras chargés, et quelques voitures.

Ce sont les quatre membres de chaque équipe qui embarquent à bord, rapportent les vivres les plus frais et s'attellent à monter sur chaque bateau. L'atmosphère est presque légère, les sourires égaient les visages, à en oublier que dans une poignée d'heures, ceux qui ont travaillé pendant des mois pour un skipper et son bateau vont les voir partir pour de bon, pour l'objectif qui a monopolisé toutes les attentions.
Un peu plus loin, à proximité du ponton, les journalistes s'affairent derrière des barrières de sécurité. Le protocole – crise sanitaire oblige – a été complètement modifié. Vingt minutes face aux médias, et puis le premier grand saut : la passerelle à descendre avant de remonter le ponton jusqu'à son bateau.
Là, chaque skipper se retrouve seul, déjà. Un avant-goût de solitude, une « *traversée mystique* » dira Fabrice Amedeo. Qu'y a-t-il dans la tête de ces femmes et ces hommes, dans cette poignée de secondes avant le challenge de leur vie ? Et pour un tel départ, il fallait un comité d'accueil. Il sera magique : chaque équipage, debout sur les bateaux, se met à applaudir les marins un à un. Ces applaudissements chaleureux et fraternels montrent que ces skippers-là forment une bande joyeuse, « *une famille qui part unie à l'assaut du globe* » (dixit Louis Burton). À 11h, il n'y a plus un IMOCA sur les pontons. La remontée du chenal, redoutée en absence de foule, est comblée par la joie communicative des Sablais à coups d'applaudissements et de concerts de casseroles. Les marins les saluent, les bras levés et les yeux encore embués. L'émotion est bien au rendez-vous avant de traverser les mers du globe.

VENDÉE
Sodebo

VENDÉE

IMOCA

IMOCA
GLOBE SERIES
Giancarlo
PEDOTE
IMOCA
GLOBE SERIES

HELLY HANSEN

Sodebo

INSTANTANÉ SUR LES PONTONS

«Je me sentais très léger, très bien tout à l'heure. Mais en arrivant, il y a plus d'émotion. Je suis très heureux de vivre un moment aussi fort.» **ARMEL TRIPON** est le premier à remonter seul le ponton et à longer l'ensemble des bateaux, sous les applaudissements.

Tout en retenue, **NICOLAS TROUSSEL** avoue «*ne pas avoir bien dormi*». Avec humilité et pudeur, il attend que les caméras s'éloignent avant d'enlacer ses proches et de remonter le chenal.

« *C'est une ambiance surréaliste* », confie **KEVIN ESCOFFIER** face aux caméras. Sur le ponton, son sourire est crispé. Il échange avec les membres de l'équipe technique de Charal situés juste à côté : « *Il va y avoir du boulot !* »

THOMAS RUYANT a les yeux brillants, les larmes qui affleurent. Il évoque un « *instant de magie* » et affirme « *espérer pouvoir donner un petit peu d'air à tout le monde à l'arrivée* ».

INSTANTANÉ SUR LES PONTONS

« *C'est mon quatrième Vendée Globe, mais l'émotion est aussi forte qu'à mon premier* », explique **JÉRÉMIE BEYOU**. « *Je vais avoir du mal à parler* », lâche-t-il sur les pontons avant de laisser couler ses larmes en enlaçant sa compagne.

BORIS HERRMANN a le sourire. Il regrette que « *tous les copains ne soient pas là* » et réaffirme être « *soulagé de partir dans ce contexte* ». « *On a déjà franchi une bonne étape !* » Le Prince Albert de Monaco lui souhaite bonne route sur Twitter.

SAM DAVIES pose face aux photographes en leur envoyant un baiser avec ses mains. Derrière le masque, on devine un large sourire. Romain Attanasio, son mari, est là, aussi. Vague de plaisir, plus que d'émotion. «*J'ai hâte de prendre du plaisir à bord !*»

YANNICK BESTAVEN a son bonnet rond, et on devine forcément son sourire. «*C'est une émotion forte de partir pour un tour du monde. Ce n'est pas tous les jours que l'on vit ça. Si on peut offrir au grand public du rêve depuis nos bateaux, on le fera.*»

INSTANTANÉ SUR LES PONTONS

Sa concentration impressionne. Il parle des premiers jours de course, de «*là où il faut mettre le curseur*», du «*sens marin*». **CHARLIE DALIN** dit certes passer du «*rêve à la réalité*», mais sa course à lui semble avoir déjà commencé.

Elle ne pouvait pas quitter son sourire. Sur le ponton, **CLARISSE CRÉMER** salue les équipes qui l'encadrent et l'encouragent. «*C'est chouette d'avoir les équipes qui font une procession. Moi, je suis à la limite entre joyeuse, contente et paniquée. Mais ça va!*»

«Je veux raconter l'histoire d'un gamin qui est né un petit peu différent et qui réalise ses rêves comme les autres», lâche **DAMIEN SEGUIN** qui attendra de monter à bord de Groupe APICIL pour lâcher quelques larmes.

«S'il n'y a pas d'émotion, il n'y a pas de Vendée Globe», confie **ALAN ROURA** qui s'élance pour la deuxième fois. Une poignée de secondes plus tôt, il avait remonté le ponton le poing levé, avait fondu en larmes avant d'enlacer longuement sa femme Aurélia.

INSTANTANÉ SUR LES PONTONS

«*Ce n'est pas un départ inhabituel, je me sens très sereine*», explique **MIRANDA MERRON**, sourire aux lèvres. Devant les journalistes, elle espère que les gens pourront «*remettre la Terre sur son axe*» d'ici son retour en février.

Il s'agit de son quatrième Vendée Globe, mais la magie est intacte. Les mains d'**ARNAUD BOISSIÈRES** (surnommé Cali) tremblent. «*On part pour un tour du monde. C'est super-émouvant, ultra-intense, un grand privilège. Le plus dur reste à faire désormais.*»

« Tu te lèves le matin et tu te dis que tu pars faire le tour du monde. Il n'y a pas beaucoup de personnes qui peuvent se dire ça », souligne **MAXIME SOREL** avant de tomber en pleurs dans les bras de son frère Jérémy.

« Le comité d'accueil est incroyable. » Le sourire ne quitte jamais le visage de **BENJAMIN DUTREUX**. *« Il y a un surcroît d'émotion à penser à tout le travail, à toute l'équipe et à toutes les difficultés pour arriver jusqu'ici… Et il ne faut pas se laisser submerger, il y a encore des cases à cocher pour être à l'arrivée. »*

INSTANTANÉ SUR LES PONTONS

Comme il y a quatre ans, **KOJIRO SHIRAISHI** a quitté la terre en kimono. Un moment solennel avant un fou rire général : Roland « Bilou » Jourdain, si présent au côté de Kojiro dans la préparation de ce Vendée Globe, s'extrait de l'habitacle du bateau avec kimono et long sabre entre les mains ! Une des images fortes du départ.

Un dernier gâteau avant de monter à bord. **LOUIS BURTON** évoque les applaudissements, le sentiment de fraternité… « *On est tous concurrents, on veut tous être les meilleurs. Mais même si on veut être devant, nous sommes une famille autour du monde. Et nos meilleurs alliés, en plein océan, ce sont les autres.* »

« *C'est le grand jour, je ne peux plus reculer.* » **MANUEL COUSIN** a les yeux plissés, fatigués, mais un large sourire égaie son visage. « *C'est vraiment plein d'émotion, une joie immense, mais aussi de l'appréhension. On essaiera de partager un maximum pour faire rêver les gens.* »

« *Il y a un mélange d'appréhension et d'excitation parce que je ne veux décevoir personne,* confie **SÉBASTIEN SIMON**, le souffle court. *Chaque fois que je pars en course, je me demande pourquoi je m'embarque dans des trucs comme ça...* »

INSTANTANÉ SUR LES PONTONS

Ce moment, «*j'y ai rêvé plusieurs fois,* explique **PIP HARE**, la navigatrice anglaise. *Je suis vraiment nerveuse, mais très heureuse. Je n'arrive pas à y croire. On ne pouvait pas imaginer que ce soit aussi incroyable.*»

Le «show» Destremau. Il débarque masqué, ganté, en blouse. Une façon de soutenir le personnel médical, explique **SÉBASTIEN DESTREMAU** afin de «*mettre un peu de dérision et d'ironie dans une situation très étrange. J'espère que ce ne sera pas trop dur à vivre à terre pendant que l'on sera en mer.*»

Pas d'effusion de joie ni de long discours. Le « roi Jean » pour son cinquième Vendée Globe ne s'est pas attardé face aux micros. « *Chaque Vendée Globe, chaque départ est différent.* » On se souvient que **JEAN LE CAM** avait failli oublier le beurre quatre ans plus tôt. « *Tu n'as rien oublié ?* », lui lance-t-on sur les pontons. « *Arrête tes conner…* », s'amuse le skipper.

ROMAIN ATTANASIO était déjà là quelques heures plus tôt pour enlacer Sam Davies. Et puis, ça a été son tour de partir après être allé chercher un sac à dos (presque) oublié. « *Je n'arrive pas à décrire ces moments, j'ai l'impression d'être déjà parti…* »

INSTANTANÉ SUR LES PONTONS

Un sweat noir et rose, flashy et élégant. **ALEX THOMSON** est peu bavard face aux médias, un peu plus sur le ponton : « *Toutes les courses sont les courses de ma vie. C'est ma cinquième participation, j'ai deux abandons, deux tours complets. L'objectif, c'est d'inverser la tendance en ma faveur.* »

À son arrivée il y a quatre ans, le « pompier » **DIDAC COSTA** avait eu droit à un hommage de ses confrères sablais. Certains d'entre eux étaient sur le chenal pour acclamer le départ de l'Espagnol. « *C'est un beau moment où la joie est plus forte que la tristesse* », confie-t-il.

Face aux médias, il était apparu étonnamment «zen» et serein. Et puis, sur le ponton : « *Tout part de là... Qu'est-ce qu'il faut dire de plus ? Merci à toute l'équipe qui a fait un boulot de taré, merci à eux...* », explique **CLÉMENT GIRAUD** avant d'éclater en sanglots. « *Vous faites ch...* », lâche-t-il avant de monter à bord.

Elle a esquissé un petit pas de danse et a semblé profiter de l'instant. « *J'ai les écoutilles ouvertes au maximum* », s'amuse **ALEXIA BARRIER**. Elle aussi à envie de « *faire rêver* » et elle reconnaît avoir peur : « *J'ai les chocottes... j'ai même les "chocottines"...* »

INSTANTANÉ SUR LES PONTONS

Il est monté sur son bateau, les caméras se sont tournées, et puis il a lancé un cri profond, grave, comme une ultime façon de se donner de la motivation et une manière, aussi, de vivre pleinement ce moment-là. **GIANCARLO PEDOTE** est le cinquième Italien à participer au Vendée Globe.

« *Je suis heureuse de partir réaliser mes rêves… Je suis tout excitée !* » À bord de MACSF, **ISABELLE JOSCHKE** avait prévu de déguster un « *poulet rôti du dimanche, comme vous* » avant de s'élancer.

STÉPHANE LE DIRAISON a enlacé ses enfants, gardant ses derniers mots pour eux. Un moment fort. « *Sur le quai, je me disais que c'était la dernière fois que je ne sentais pas le sol bouger avant quatre-vingts jours.* »

L'ancien journaliste **FABRICE AMEDEO** inscrit le moment dans l'actualité… Et dans l'histoire. « *Je me suis réveillé en pensant que l'année 2020 avait été terrible. Mais Joe Biden a été élu à la Maison-Blanche, le Vendée Globe part, c'est la lumière au bout du tunnel. Dans vingt ans, on reverra ces images.* »

Un dur à cuire de cinquante-huit ans qui fond en larmes avant de s'adresser en finlandais aux téléspectateurs. Un peu plus tôt, **ARI HUUSELA** avait enlacé le trophée du Vendée Globe situé sur le ponton. Le départ ? « *J'en ai rêvé depuis si longtemps.* »

Les skippers, coincés par la brume, attendent fébrilement le décompte du départ.

<< ON A BESOIN DE L'ÉNERGIE DES GENS POUR PARTIR AUTOUR DU MONDE. >> FABRICE AMEDEO

La brume, l'éclaircie, le grand départ

Le chenal est déjà loin. Depuis les ponts des IMOCA, on ne distingue déjà plus la terre des hommes. Certes, il y a encore les bateaux suiveurs et les concurrents qui sont sur le plan d'eau.

Mais tous se focalisent désormais sur le départ. Rien n'est évident quand se trouve à quelques mètres de distance, la plus grande flotte de monocoques jamais alignée depuis quatre ans. Et puis, il y a cette brume tenace qui s'est abattue sur le plan d'eau. À bord, il faut redoubler de vigilance. Depuis le ciel, l'instantané est spectaculaire : sous ce voile épais se distinguent quelques mâts, quelques formes effilées. Une part de magie, un zeste de mysticisme avant de les voir s'élancer à la conquête des océans. Cette brume tenace oblige les organisateurs à reporter le départ. 13h02, 13h22, 13h42, 14h puis 14h20. Les bateaux font du surplace, le spectateur s'imprègne de l'ambiance, s'amuse à voir une dernière fois ses héros de l'hiver. Les équipiers se jettent à l'eau. C'est le temps du décompte par Yves Auvinet, Président du Vendée Globe : « 10, 9, 8, 7, 6, 5, 4, 3, 2, 1... » Les bolides sont lancés, enfin. Au-dessus de leur tête, le sillon bleu-blanc-rouge de la Patrouille de France a son effet. L'aventure commence.

Louis Burton, ligne mordue

Il est le premier à avoir franchi la ligne de départ... Avant les autres. Le skipper de Bureau Vallée 2 écope d'une pénalité de 5 heures. Mais il positive sur ces « *quelques secondes trop tôt* ».

Les flèches sont lancées

Le téléspectateur regrette forcément la fin du direct. Les IMOCA filent à plus de 15 nœuds, les foilers montrent leurs

muscles. Conditions idéales pour sortir de l'eau et mettre la gomme. Jérémie Beyou, Charlie Dalin, Thomas Ruyant et Alex Thomson s'échappent déjà. Un premier passage de front est attendu dans la nuit.

Fabrice Amedeo, le demi-tour

L'annonce est officialisée vers 20h30 en ce dimanche de grand départ. Fabrice Amedeo, en proie à des problèmes en tête de mât, fait demi-tour alors qu'il pointait à 50 milles des côtes vendéennes. Il tente un temps de réparer de nuit au large avant de regagner le quai. Là où il a fait ses adieux la veille, Fabrice accuse le coup, évoque sa « *frustration* » mais assure « *avoir le mental pour surpasser cet épisode-là* ». Deux jours et demi plus tard, en soirée, il reprend sa route. Sa remontée du chenal est acclamée par les Sablais. « *J'étais très touché par l'amour et les encouragements de toutes ces personnes. On a besoin de l'énergie des gens pour partir autour du monde.* » La magie du Vendée Globe a, une nouvelle fois, opéré.

L'ATLANTIQUE ET SES TURPITUDES

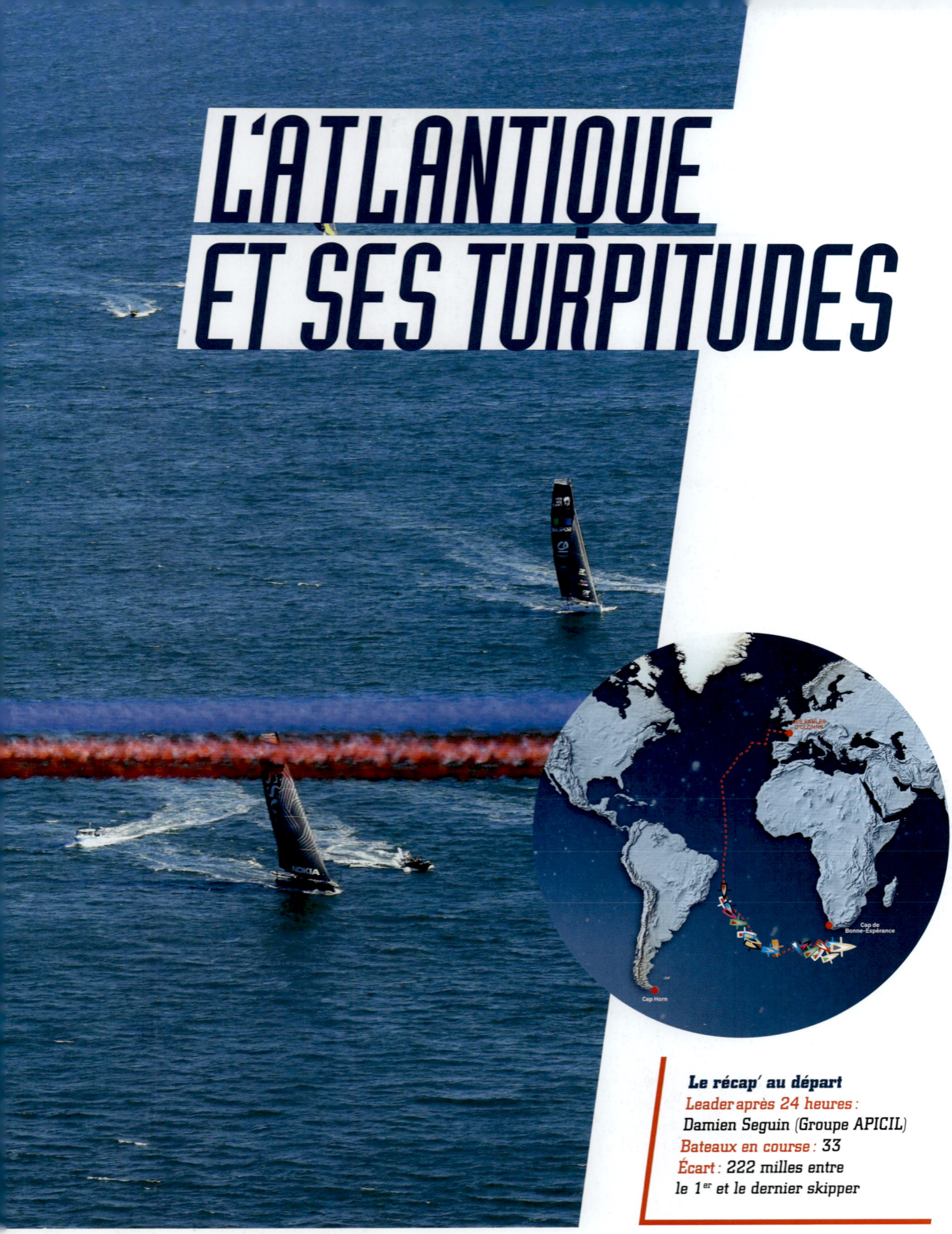

Le récap' au départ

Leader après 24 heures : Damien Seguin (Groupe APICIL)

Bateaux en course : 33

Écart : 222 milles entre le 1er et le dernier skipper

« On a passé notre temps à empanner et à changer les voiles. » Alex Thomson

La stratégie payante d'Alex Thomson (HUGO BOSS) le place en pole position.

Quatre jours, deux dépressions, deux groupes

Des premières heures de glissades avec des pointes à 27 nœuds, une première nuit agitée, des changements de voile en pagaille... Si les conditions étaient idéales pour le « top départ », les heures qui suivent sont particulièrement éprouvantes.

Déjà, un choix s'impose à la flotte au cœur de la première semaine : longer la côte ibérique et prendre le risque de s'empêtrer dans une zone de vent mou, ou foncer au large où des rafales à 40 nœuds sont annoncées. Chacun son camp. Les plus aventureux restent au large derrière Alex Thomson alors que les Sudistes s'offrent le luxe de dominer la course. Ainsi, Maxime Sorel prend la tête, puis Damien Seguin.

Le premier front est brutal, violent, harassant. Samantha Davies évoque des rafales à 50 nœuds, Alan Roura des creux de plus de 5 mètres... Le lendemain, il y a de la casse. Drisse cassée pour Armel Tripon et Thomas Ruyant, voie d'eau impressionnante pour Kevin Escoffier, problème d'hydrogénérateurs pour Clarisse Crémer. Et puis, il y a Jérémie Beyou qui doit faire demi-tour (voir page 50).

Devant, la tête de course file vers les Açores. Alex Thomson et Jean Le Cam prennent les deux premières places de la flotte, en étant positionnés plus à l'est que leurs rivaux. « *On a passé notre temps à empanner et à changer les voiles* », reconnaît le Britannique. Le plus dur est à venir.

Les skippers s'élancent, certains sont déjà au coude-à-coude et forment un groupe de tête.

Le soleil brille pour Maxime Sorel (V and B - Mayenne), premier leader de la course.

« J'ai l'impression d'avoir fait une semaine de Figaro. »
Benjamin Dutreux

Benjamin Dutreux (OMIA – Water Family) se révèle dans cette première étape.

Seuls face à Thêta

Une circonvolution rouge plantée au milieu de la carte. Un boulet de canon. Des vents de 50 à 60 nœuds et des creux de plus de 6 mètres. La tempête Thêta s'invite dans la course.

C'est une dépression tropicale, la vingt-neuvième de l'année, ce qui n'était jamais arrivé et interroge encore sur l'état de la planète... Les marins s'en méfient. Certains décident de flirter avec son centre (Thomson, Le Cam), d'autres de la contourner vers l'ouest (Dalin, Ruyant, Escoffier), quand un troisième groupe se fait piéger par une absence de vent au nord de la dépression. « *C'est une espèce de catapulte* », décrypte Louis Burton.

Mais dans une mer aussi formée, les rois ne sont pas ceux que l'on croit. Certes, HUGO BOSS tient le coup, mais dans une mer aussi déchaînée, les « foilers » sont à la peine. Pas les bateaux à dérives droites qui tiennent la marée avec un sacré talent. Benjamin Dutreux a sa place parmi les géants (6e) avec le sourire (« *j'ai l'impression d'avoir fait une semaine de Figaro* »), Maxime Sorel affirme que cela va durer jusqu'à l'équateur... Mais celui qui impressionne le plus, c'est Jean Le Cam, le soixantenaire, cinquième Vendée Globe. Un skipper à part, brut, entier, et un sacré marin.

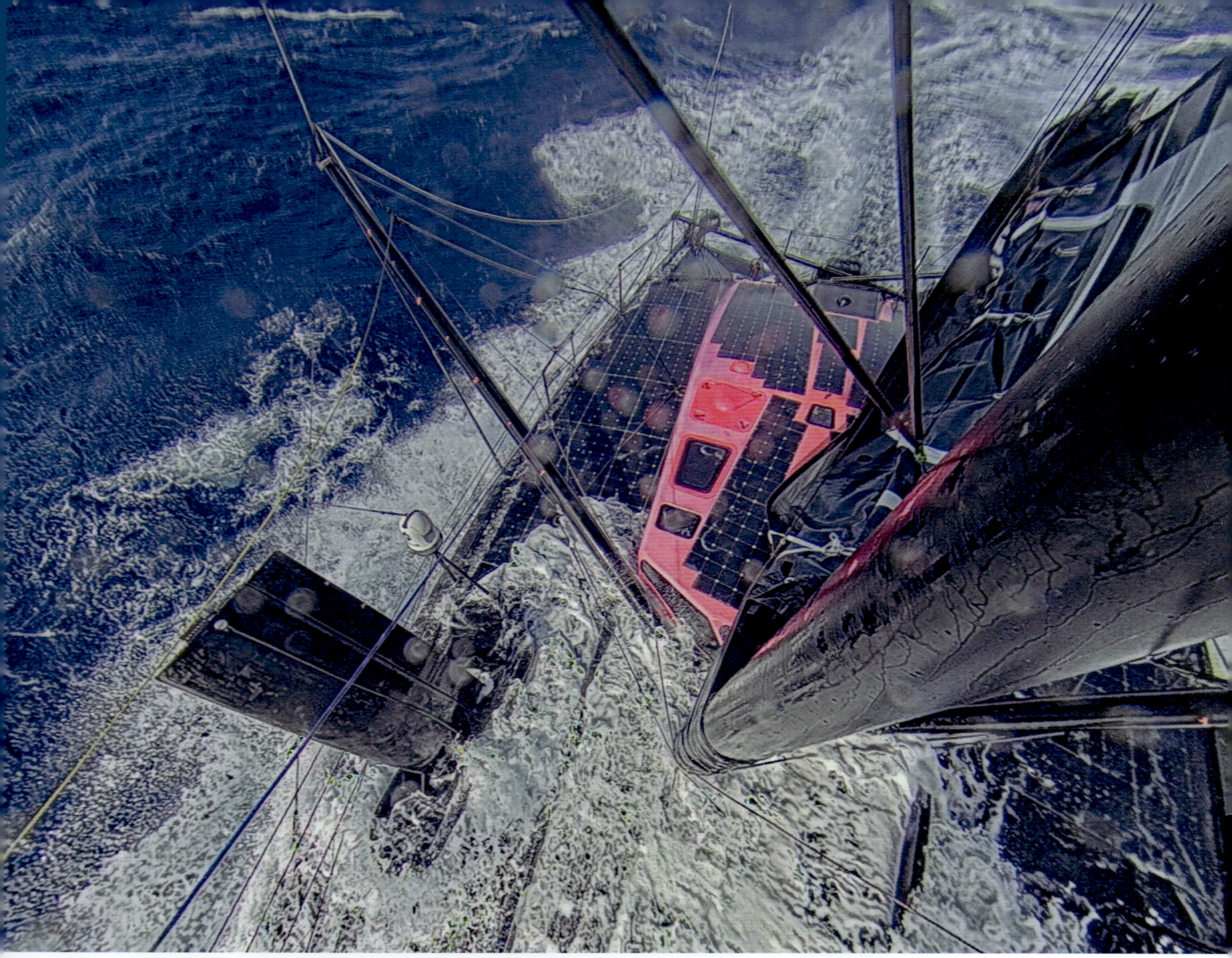

Alex Thomson (HUGO BOSS) subit les premiers assauts de la tempête.

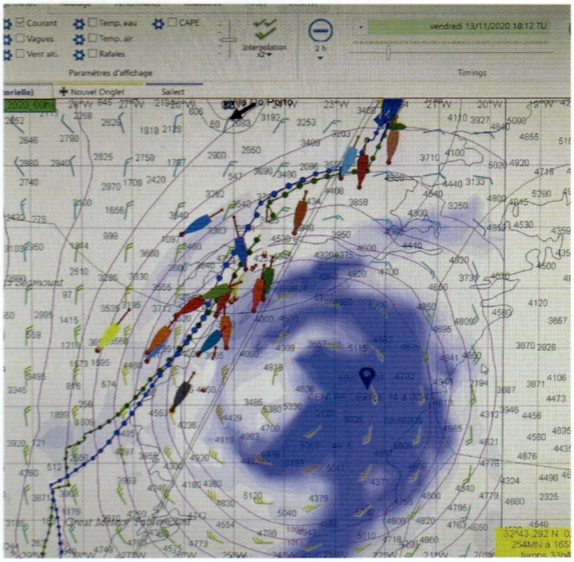

La dépression tropicale Thêta sur l'écran de Manuel Cousin (Groupe SÉTIN), redoutée par tous les skippers.

« BIEN DIRE FAIT RIRE.
BIEN FAIRE FAIT TAIRE. »
JEAN LE CAM

Le loup de mer Jean Le Cam (Yes We Cam !) impose le respect.

« Papy fait de la résistance ! »

« *Il se rapproche de moi... Jean est incroyable, incroyable* », s'extasie Alex Thomson. Le « *roi Jean* » tient solidement sa deuxième place avant d'aborder le Pot-au-Noir.

Il en profite et offre la vacation la plus savoureuse du début de course : « *Comme quoi, on prévoit toujours plein de choses, on se gargarise, on fait du blabla dans les journaux... Ça me rappelle une phrase : "Bien dire fait rire, bien faire fait taire." Je voulais l'écrire en gros dans mon bateau ! Derrière, je vais les voir filer les foilers. Mais tant qu'à faire, papy fait de la résistance ! J'ai mangé un cassoulet ce matin, je trouvais que le cassoulet allait bien avec la dépression. Ça, c'est notre culture de Bretagne. Sinon, j'ai des ris de veau à faire, mais je vais attendre un peu.* »

Fabrice Amedeo (Newrest - Art & Fenêtres) ne lâche rien et poursuit sa course.

Pip Hare (Medallia) profite d'une accalmie pour capturer le coucher de soleil.

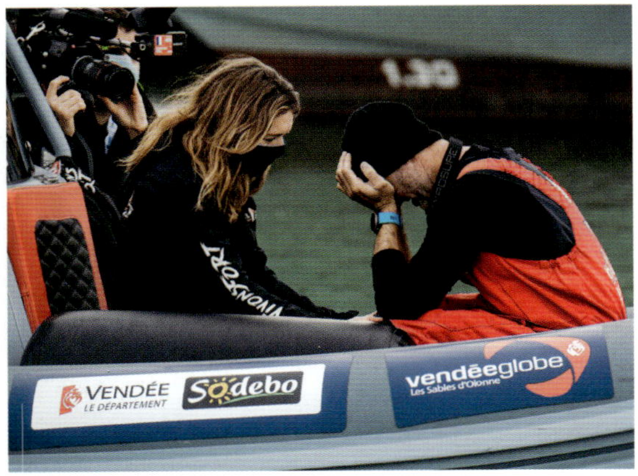

Coup dur pour Jérémie Beyou (Charal), qui craque auprès de son épouse.

Beyou, le coup de bambou

Mercredi 11 novembre

9h15, mercredi 11 novembre. Premier coup de théâtre sur le Vendée Globe. Jérémie Beyou contacte la direction de course pour leur annoncer qu'il fait demi-tour. La faute à une série d'avaries à bord de Charal : une bastaque cassée (la partie du gréement qui permet de maintenir le mât), un point de renvoi d'écoute arraché, un safran amoché…

Deux jours plus tard, l'ex-favori est de retour aux Sables d'Olonne. On entend des cris depuis les rives du chenal : « *Ce n'est pas fini* », « *Tu répares et tu repars* ». Une poignée de minutes plus tard, une forêt de micros et de caméras. Jérémie Beyou a le regard lourd, les mains solidement vissées dans son ciré. « *Je pensais qu'en revenant en janvier, le monde aurait un peu changé. Une semaine après, ce n'est pas vraiment le cas… J'ai tout investi dans ce projet depuis plus de quatre ans. Le coup d'arrêt est très brutal.* » Un peu plus tôt, Yann Eliès confiait : « *Il faut qu'il se fixe un nouveau challenge.* » Jérémie Beyou en a un : repartir dès que possible. « *En voyant tous les messages de soutien, je n'avais plus le choix.* » Le mardi 17 novembre, après trois jours et demi d'escale, Charal est donc reparti sur l'océan.

« EN VOYANT TOUS LES MESSAGES DE SOUTIEN, JE N'AVAIS PLUS LE CHOIX. » JÉRÉMIE BEYOU

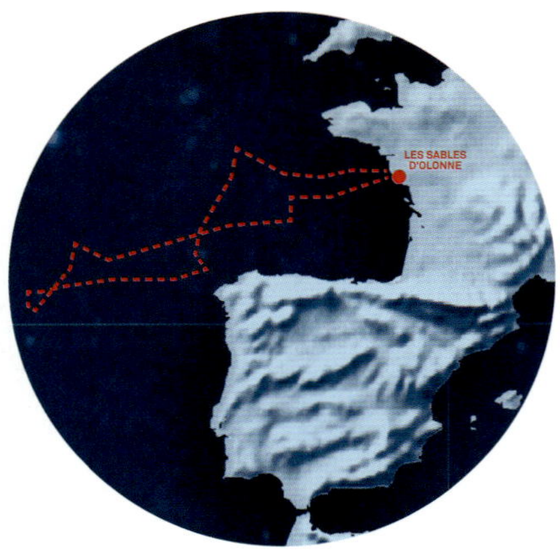

Deuxième départ pour le bateau Charal.
La prochaine fois qu'il reverra le port,
ce sera pour l'arrivée…

L'équipe s'active pour réparer
le bateau Charal et le faire
repartir au plus vite.

« LE CIEL ÉTAIT ÉTOILÉ. LA MER PLATE. C'ÉTAIT MAGNIFIQUE. »
JEAN LE CAM

Clarisse Crémer (Banque Populaire X) fait retomber la pression en musique.

Quand la croisière s'amuse enfin !

Dimanche 15 novembre

Après une première semaine très éprouvante, les skippers bénéficient d'un peu de répit. Les températures s'adoucissent, la mer se calme et offre, enfin, du temps pour prendre soin de soi. Et ils en profitent.

Tous ont pu récupérer quelques heures de sommeil, « *ma meilleure nuit* », confie même Charlie Dalin. Alan Roura s'offre sa première douche – « *elle était fraîche, mais j'en avais besoin avec un litre d'eau douce pour se rincer* » –, Yannick Bestaven a mis la musique à fond et Boris Herrmann en a profité pour « *appeler les copains* ». L'Allemand s'est même offert « *un petit apéro* », Benjamin Dutreux et Manuel Cousin ont savouré leur premier café alors que Damien Seguin a craqué pour un repas complet : « *Hachis parmentier lyophilisé, riz au lait et morceaux de beaufort.* » L'occasion, aussi, de s'aventurer sur le pont, d'admirer la vue. « *Cette nuit, j'étais en caleçon, tee-shirt, le ciel était étoilé, la mer plate, c'était magnifique* », raconte Jean Le Cam. « *Ça ressemble un peu à l'image "carte postale" de la course au large* », poursuit Clarisse Crémer. Charlie Dalin conclut : « *On est en tee-shirt, il fait chaud... Nous sommes des privilégiés.* »

Damien Seguin (Groupe APICIL) nous partage une photo de son repas de roi.

De haut en bas : Manuel Cousin (Groupe SÉTIN) s'apprête à faire son café, bien mérité.

Ari Huusela (STARK) accompagne lui aussi Manuel Cousin (Groupe SÉTIN) pour le café.

Ce sera un plat lyophilisé à même le paquet pour Didac Costa (One Planet One Ocean).

« J'étais dans ma bannette. J'ai entendu un grand bruit. Je suis sorti et il n'y avait plus de mât. » Nicolas Troussel

Amère arrivée au port de Mindelo, Cap-Vert, bien loin de celle qu'espérait Nicolas Troussel (CORUM L'Épargne).

Troussel, le premier abandon

Lundi 16 novembre

Il était dans le match et certains, dont le tenant du titre Armel Le Cléac'h, voyaient en lui un sérieux candidat à la victoire finale. Et puis, lundi 16 novembre au matin, tout s'écroule.

Nicolas Troussel raconte : « *Avant le lever du jour, j'étais dans ma bannette, j'ai entendu un grand bruit, je suis sorti et il n'y avait plus de mât. C'est la fin de cette aventure Vendée Globe 2020 [...]. Il faudra revenir, on va réfléchir à tout ça [...]* » Avec CORUM L'Épargne, il disposait du plus récent IMOCA de la flotte et filait à vive allure, à la septième place. Nicolas Troussel s'est ensuite dérouté vers le Cap-Vert à plus de 250 milles de là. Il reconnaît « *ne pas avoir spécialement envie de retourner à terre tout de suite et de voir des gens. Je vais mettre du temps pour digérer ça.* » Dimanche 22 novembre, le skipper a mis le pied à terre à Mindelo (Cap-Vert) après un long trajet au moteur.

Le mât cassé du bateau, obligeant Nicolas Troussel (CORUM L'Épargne) à abandonner.

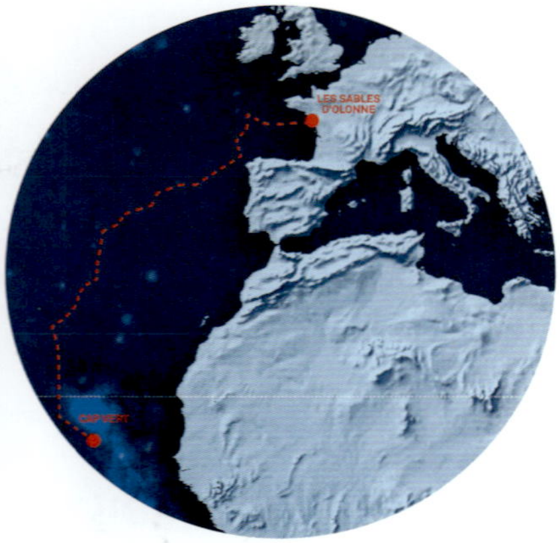
LES SABLES
D'OLONNE
CAP VERT

L'anticyclone de Sainte-Hélène sur l'écran de Didac Costa (One Planet One Ocean), que tous les skippers cherchent à contourner.

Thomson, grandeur et décadence

Du dimanche 15 au samedi 21 novembre

Depuis le 15 novembre, Alex Thomson a pris les commandes de la flotte. Son agilité à dépasser Thêta lui a offert un avantage certain sur ses adversaires directs. Et rien ne semble lui résister en ce début de course.

« JE SUIS DÉÇU. MAIS C'EST LE VENDÉE GLOBE. »
ALEX THOMSON

Même le Pot-au-Noir a été une formalité pour lui comme pour ses poursuivants, à filer à 15 nœuds de moyenne en mettant le cap sur les côtes brésiliennes. HUGO BOSS est donc logiquement le premier de la flotte à passer l'hémisphère Sud le jeudi 18 novembre. Et l'Anglais semble solidement accroché à sa position. Même si Thomas Ruyant et Charlie Dalin réduisent l'écart les deux jours suivants (jusqu'à une cinquantaine de milles), Alex Thomson semble maître de son sujet. L'Anglais, marin d'exception qui avait surpris son monde en s'imposant à vingt-quatre ans à la Clipper Round The World Race, a grandi avec le Vendée Globe. Troisième en 2013, si proche de la victoire il y a quatre ans, l'homme a mûri, conservé son caractère de tête brûlée tout en y apportant de la sagesse, de la maturité. L'étoffe d'un vainqueur en puissance. Sauf que la marche de l'empereur va brutalement s'arrêter.

Certes, Thomas Ruyant a pris la tête le vendredi 20 novembre, mais les écarts longitudinaux restant conséquents avec Charlie Dalin et Alex Thomson, tous regardent déjà la façon de contourner l'anticyclone de Sainte-Hélène. Or, à bord d'HUGO BOSS, la nuit suivante est agitée. L'équipe anglaise évoque « *un possible problème de structure* » à l'avant de son bateau. Thomson réduit la voilure, alors que concepteurs, ingénieurs et membres de l'équipe échangent en continu pour déterminer un plan de réparation. Et puis, il a fallu s'activer, stabiliser la coque, découper, préparer les résines, la colle et transformer l'IMOCA en chantier. « *Dans ces situations, je suis habituellement en colère, triste et émotif, mais ce n'est pas le cas [...] Je suis déçu, mais c'est le Vendée Globe.* » Le plus rapide des Britanniques ne l'est plus. Loin devant, déjà, Charlie Dalin et Thomas Ruyant s'échappent.

Charlie Dalin (Apivia) prend la tête devant Alex Thomson (HUGO BOSS), en perte de vitesse.

Boris Herrmann (SeaExplorer - Yacht Club de Monaco) talonne les leaders et se crée une place dangereuse.

Chacun son chemin, chacun son exploit

Il n'y a pas de petites batailles au Vendée Globe. Chaque problème résolu est une satisfaction en soi parce qu'il permet de continuer à avancer, de démontrer sa capacité à se surpasser et de garder espoir.

Ainsi, Isabelle Joschke a cassé une poulie d'écoute du gennaker et l'écoute a arraché le système du balcon et les filières (samedi 21 novembre). Les réparations durent plusieurs jours, en contact quasi permanent avec son équipe. « *Autant sur une transat, ce n'est pas un drame, là je vais vers des conditions difficiles que je vais subir, je ne choisirai pas ce que je rencontrerai. C'est important pour moi de me sentir en sécurité.* » Sébastien Destremau, lui, a dû s'attacher à réparer « *un problème hydraulique sur sa quille* », les « *pieds dans l'huile* » au cœur du Pot-au-Noir, le mardi 24 novembre. Le même jour, Kojiro Shiraishi se réjouissait d'avoir mis six jours pour réparer sa grand-voile, couper la partie haute, raccorder la partie basse, couper le premier ris... Le Japonais en parle avec modestie : « *Mon bateau a beaucoup d'égratignures et de petits soucis, mais j'essaie d'être en harmonie avec lui.* » Le lendemain, Damien Seguin se blesse au bras. Il se coupe le bras gauche avec son Leatherman (un outil multifonction), mais se veut rapidement rassurant. Comme s'il fallait se convaincre que le Vendée Globe n'a vraiment rien d'un long fleuve tranquille.

Petite photo souvenir de Romain Attanasio (PURE-Best Western®) ayant attrapé un poisson volant avant de le relâcher dans l'océan.

Isabelle Joschke (MACSF) en train d'effectuer les réparations en liaison directe avec son équipe.

La grand-voile de Kojiro Shiraishi (DMG MORI Global One), déchirée, doit être réparée sans délai pour rester dans la course.

<<LA ROUTE EST LONGUE. JE CONTINUE. JE M'ACCROCHE!>>
THOMAS RUYANT

Le foil tribord est désormais le seul qui reste à Thomas Ruyant (LinkedOut) pour finir ce Vendée Globe.

Thomas Ruyant, le foil qui rend fou

Mercredi 25 novembre

Les grands favoris sont-ils maudits ? Après Jérémie Beyou et Alex Thomson, l'alerte vient de Thomas Ruyant. Le mercredi 25 novembre, à 3h du matin, le skipper nordiste a entendu un grand bruit à l'extérieur de son bateau.

Il se précipite à l'extérieur, doté d'une lampe frontale, et constate les dégâts : son foil bâbord est fissuré à de nombreux endroits, notamment le « shaft » (qui relie au voilier le «tip» qui lui permet de sortir de l'eau). «*Je continue naturellement la course, handicapé, avec une seule aile, mais je me réconforte en me disant qu'il me reste mon foil tribord. Statistiquement, c'est le plus important pour un tour du monde. La route est longue. Je continue, je m'accroche !*» Deux jours plus tard, Thomas Ruyant revêt une tenue de protection d'un blanc immaculé, comme un rappel lointain du monde à terre où les blouses sont omniprésentes. Équipé d'une scie sabre, il a coupé deux mètres du foil bâbord. Une opération chirurgicale au cœur de l'Atlantique Sud. Et un sourire qui en dit long : «*Tout est réglé à bord. Je me suis pris une pétole (zone de vent calme) et maintenant, le bateau est prêt. Ça va envoyer !*»

Ci-dessus et ci-contre : Alexia Barrier (TSE-4myPlanet) est montée sur son mât pour vérifier sa grand-voile et en profite pour nous donner le vertige.

72

« NOUS PENSIONS QUE LE MEILLEUR ÉTAIT ENCORE À VENIR. »
ALEX THOMSON

Clarisse Crémer (Banque Populaire X) surveille son itinéraire, tartine chocolatée à la main.

Alex Thomson, l'avarie de trop

Vendredi 27 novembre

Le sort s'acharne sur Alex Thomson. Moins d'une semaine après des problèmes de structure, c'est son safran tribord qui est endommagé. Sauf que, sans gouvernail à tribord, réaliser le tour du monde se transforme en mission impossible.

Chez HUGO BOSS, tout le monde en est conscient. Et le lendemain de l'avarie, Alex Thomson reconnaît que la « *réparation n'est pas possible. Nous acceptions donc que ce soit la fin de la course pour nous. [...] Nous pensions que le meilleur était encore à venir.* » À cet instant, le Britannique pointe à 1800 milles des côtes sud-africaines. Il débarque à Cape Town sept jours plus tard, non sans avoir affronté des rafales de 50 nœuds juste avant son arrivée. Le trajet a eu son effet pour adoucir la déception. « *J'ai eu un peu de temps pour digérer ça. C'était une conclusion brutale et terrible de ma course.* »

Stéphane Le Diraison (Time For Oceans) a cassé une plaque de carbone de son bateau. Heureusement, cela ne l'empêchera pas de continuer.

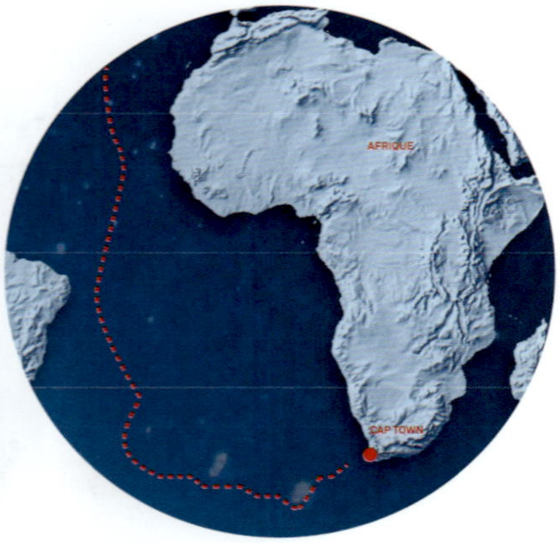

Sourire crispé, la sanction tombe quelques heures plus tard : c'est la fin pour Alex Thomson (HUGO BOSS), pourtant premier leader de la course. Il amarre à Cape Town (voir ci-dessous).

LE SAUVETAGE DE KEVIN ESCOFFIER

Du 30 novembre au 6 décembre

Kevin Escoffier : la nuit la plus longue
C'est le moment où la compétition n'a plus de prise, où chaque minute compte, où les battements du cœur se font plus rapides, où la peur affleure partout… C'est le moment où Kevin Escoffier a quitté PRB pour un radeau de survie, où plusieurs skippers se sont déroutés, où Jean Le Cam n'a pas relâché ses efforts. C'est le moment où le Vendée Globe a failli basculer.

Lundi 30 novembre, 14h44. Kevin Escoffier est troisième de la course, il progresse en tribord amure dans un flux soutenu, à 600 milles des côtes sud-africaines. Et puis tout bascule. PRB se plie en deux dans une vague. Un instant « *surréaliste* » de quatre secondes, expliquera Kevin plus tard. « *Je suis parti dans un surf, le bateau a planté en bas de la vague. Quand il est ressorti, il était cassé en deux, comme si on avait ouvert les vannes d'un barrage. C'était comme les films sur les naufrages, en pire* ». L'étrave est à 90°, l'eau s'immisce partout : il faut quitter le bateau.

Lundi, 14h46. Kevin écrit trois textos lapidaires à son équipe : « *Je coule* », « *Ce n'est pas une blague* », « *MAYDAY* ». Celle-ci prévient ensuite la direction de course. Les opérations de secours sont déclenchées, le skipper se saisit de son radeau de survie et l'ouvre juste avant de « *se faire prendre par une déferlante* » qui l'a emporté dans l'eau. Le marin voit son IMOCA s'enfoncer dans l'océan agité. Il y a 30 nœuds de vent, 5 mètres de creux. Il est seul sur son canot de sauvetage.

Lundi, 17h. Jean Le Cam, situé à une vingtaine de milles de là, se déroute et arrive rapidement sur place. Les deux hommes se voient, se rassurent, échangent quelques phrases. « *Le problème, c'était de savoir comment faire pour monter à bord,* explique Kevin. *C'était Verdun sur l'eau. Le transbordement était impossible. On s'est fait signe pour dire on temporise, qu'on devrait faire ça de jour.* »

Lundi, 19h. Jean Le Cam s'est donc écarté de l'endroit où se trouve le radeau de survie. Dans une mer aussi formée, quadriller la zone est primordiale. Alors, Yannick Bestaven, Boris Herrmann puis Sébastien Simon se déroutent à leur tour. À terre, la nouvelle de ces renforts supplémentaires est officialisée et l'appréhension monte d'un cran.

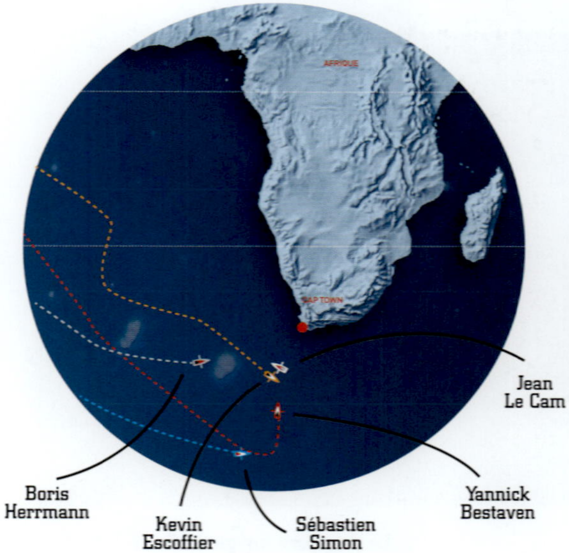

Kevin Escoffier, quelques heures avant le naufrage.

Dernière photo de bord, le bateau sera pris dans une vague fatale peu de temps après.

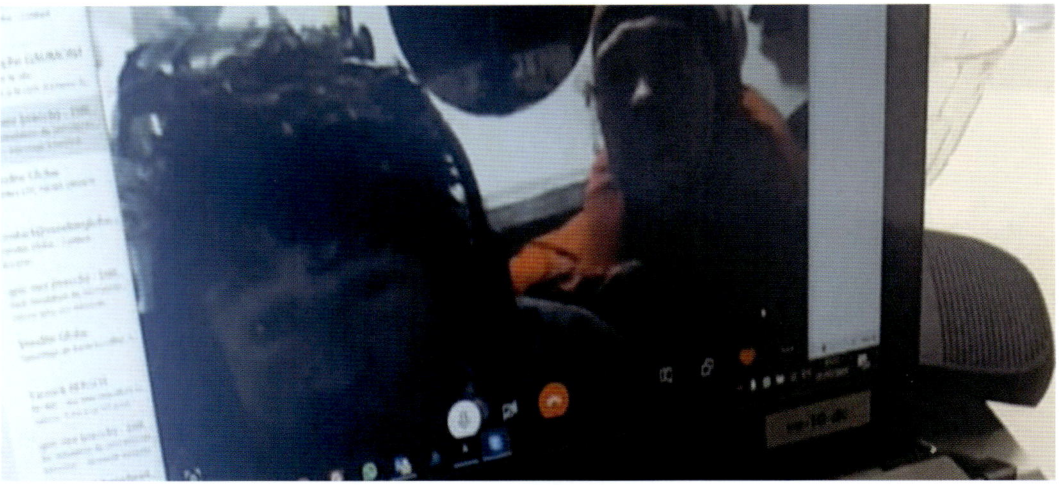

La première image de Kevin Escoffier et Jean Le Cam ensemble, rassurante.

Mardi 1er décembre, 1h15. La direction de course demande à Jean Le Cam d'aller à vitesse réduite sur un point précis. Il s'y rend… mais ne trouve rien. Et pendant les quarante-cinq minutes qui suivent, le skipper de Yes We Cam ! cherche, balaye la zone, mais toujours rien. Dans le même temps, Kevin ouvre sa ration de survie et parvient même à dormir un peu. « *Je n'ai pas douté, mais avec la fatigue, j'ai quand même eu des hallucinations. Après une micro-sieste, une vague a tapé, j'ai cru que quelqu'un me frappait.* »

« JE N'AI PAS DOUTÉ. MAIS AVEC LA FATIGUE. J'AI QUAND MÊME EU DES HALLUCINATIONS. »
KEVIN ESCOFFIER

Mardi, 2h06. Il entend une voile qui claque, ouvre le zip de son radeau et voit à nouveau le bateau de son sauveur. Le Cam est à moins de 2 mètres, la manœuvre peut commencer. « *Jean me jette un bout avec une frite (comme à la piscine) que je mets autour de ma taille. On est parvenus à raccourcir la distance jusqu'à ce que je puisse sauter le mieux possible à bord. Il y avait encore de la mer (3,50 m de creux). C'est une épreuve dans ces conditions de monter […], d'autant que tu es contraint dans tes mouvements par la combinaison de survie.* » Le calvaire s'achève. Il aura duré 12 heures. Le Cam : « *Putain tu es à bord, c'était chaud.* » Escoffier : « *Je te nique ta course, tu faisais une super course.* » Enfin, les deux hommes peuvent se tomber dans les bras et relâcher enfin la pression.

Yannick Bestaven (Maître CoQ IV) et Boris Herrmann (SeaExplorer - Yacht Club de Monaco) se déroutent pour prêter main forte à Jean Le Cam.

seaexplorer
Maître CoQ
Le Volailler

« UNE LONGUE CICATRICE BARRE DÉSORMAIS LA JOUE DROITE DU SKIPPER. »

Kevin Escoffier et Jean Le Cam, complices à bord en attendant les secours.

Escoffier-Le Cam, les jours d'après

Mardi 1er décembre, 15h. «*Bonjour, alors ça va mieux?*» Kevin Escoffier et Jean Le Cam enchaînent les sollicitations médiatiques pour les grands médias. Et puis il y a cet appel, en visio.

Au bout du fil, Emmanuel Macron. «*Ça a rendu fiers tous les gens de mer, tout le monde a été très ému. Vous avez montré que ce n'est pas qu'une compétition, c'est aussi des valeurs de camaraderie*», lance le Président. «*Les gens ont besoin de choses qui rassurent et ça fait partie des vraies valeurs*», ajoute Le Cam. «*Je le pense aussi,* poursuit le locataire de l'Élysée qui conclut: *Allez jusqu'au bout, Jean!*»

Samedi 5 décembre, 9h05. Un autre choc, une belle balafre et un échange savoureux. Alors qu'il barrait, Jean Le Cam reçoit un poisson volant dans la tête. «*Oh punaise, t'es bien marqué!*», lui lance Kevin Escoffier. Une longue cicatrice barre désormais la joue droite du skipper. «*Sur le moment, j'étais sonné.*» Son compère, qui filme la scène, s'amuse: «*On ne se rend pas compte des dangers du Vendée Globe.*» Rires généralisés et partagés par des centaines de milliers d'internautes: la vidéo est rapidement devenue virale et reprise dans de nombreux médias. Face à la caméra de Yes We Cam!, le duo détonant n'en finit plus de montrer sa complicité et son humour communicatif. Bien plus tard, ils expliqueront qu'ils ont inventé la scène de toute pièce, une nouvelle illustration de leur complicité.

Dimanche 6 décembre, 3h10. Six jours après le sauvetage, Kevin Escoffier doit quitter Yes We Cam!, c'est déjà le temps de se dire au revoir. Le Nivôse est sur zone. Cette frégate de la Marine nationale de 93,5 mètres, dédiée à la surveillance des espaces maritimes tricolores dans ce coin loin du monde, a été déroutée spécialement pour l'occasion. À bord, l'équipage s'active et un semi-rigide est dépêché sur place. Trois militaires sont à bord. Kevin s'habille de la tête

La Marine Nationale a en vue le bateau Yes We Cam !

aux pieds, saute dans l'eau et monte sur l'embarcation. Un sac est envoyé à Le Cam avec quelques vivres : du pâté Hénaff, du beurre, des courriers d'encouragement et un tee-shirt à l'effigie de la frégate. Et puis, il y a une image qui reste : tous les acteurs de cette opération réussie les pouces levés, le sourire en bandoulière. « *Merci ma caille* », a lâché affectueusement Kevin à son compère d'infortune.

Jeudi 10 décembre, 9h30. Le Nivôse débarque à La Réunion. La passerelle est hissée. Des proches de Kevin, des journalistes, des élus et des curieux se sont massés sur le quai. Et le skipper apparaît, tout sourire, avec l'uniforme de la Marine Nationale. À l'heure de mettre fin à cette aventure, les sentiments s'entremêlent : « *J'ai profité avec Jean Le Cam, c'était une très belle histoire. J'ai profité avec les marins du Nivôse, c'était une très belle histoire aussi. Mais je reste mélancolique et déçu d'avoir dû abandonner le Vendée Globe.* »

Kevin Escoffier répond aux premières questions sur son périple.

Kevin Escoffier plonge pour rejoindre le semi-rigide.

Pouces levés, Jean Le Cam et Kevin Escoffier se saluent une dernière fois.

L'arrivée à bord du Nivôse, Kevin Escoffier est définitivement tiré d'affaire.

Les bateaux de Yannick Bestaven (Maître CoQ IV) et Boris Herrmann (SeaExplorer - Yacht Club de Monaco), déroutés peu de temps après pour filer aider Jean Le Cam (Yes We Cam !) au sauvetage de Kevin Escoffier (PRB).

DES COMPENSATIONS POUR CEUX QUI SE SONT DÉROUTÉS

Elles étaient très attendues, au point de soulever en continu un flot de questions restées sans réponse de la part des internautes. Quelles seront les mesures de compensation pour les skippers qui ont dû se dérouter ? Seize jours après le sauvetage de Kevin Escoffier, le jury international du Vendée Globe a tranché. Jean Le Cam bénéficie d'une compensation à l'arrivée de 16 heures 05, Yannick Bestaven de 10 heures 15 et Boris Herrmann de 6 heures.

PAROLES DE MARINS À CHAUD

SAMANTHA DAVIES

«J'étais très inquiète et j'ai eu du mal à me remettre dans la course. Le fait que tout aille bien, ça met du baume au cœur… J'avais proposé aussi de participer à l'intervention, mais j'étais bien trop loin!»

THOMAS RUYANT

«Cette nuit a été compliquée. Ce n'est pas drôle de savoir qu'on a un compagnon de route pas si loin que ça dans un radeau de survie.»

FABRICE AMEDEO

«Kevin, c'est un roc, une machine! Je savais qu'il allait s'en sortir. Je pensais à sa femme, à ses enfants… Il a eu de la chance quand même d'avoir du monde autour de lui, et notamment le grand Jean (Le Cam)!»

ALEXIA BARRIER

«Même si je savais que je ne pouvais absolument rien faire, j'ai beaucoup parlé à Kevin. J'étais totalement absorbée. C'est le "vrai" Vendée Globe, une course évidemment, mais avant tout une histoire de solidarité.»

YANNICK BESTAVEN

«Bravo, Monsieur Le Cam, d'avoir retrouvé un copain. Une fois qu'il a été repêché, la pression est retombée. Juste après, on a eu Kevin [Escoffier] à la VHF, et ça fait froid dans le dos. Il était au taquet. Vraiment bravo à tous… Tout le monde a bien gardé son sang-froid. Ça fera partie des belles histoires du Vendée Globe!»

BORIS HERRMANN

«C'était fantastique de voir que la course bascule d'une seconde à l'autre sur une priorité comme celle-là, beaucoup plus importante que la régate, qui est de sauver Kevin. Merci à l'organisateur d'avoir pris cette mesure très conséquente.»

CLARISSE CRÉMER

«Ce n'est pas anodin d'assister à un naufrage puis un sauvetage, d'autant plus quand on est sur l'eau. Ça nous remet à tous un peu les idées en place. C'est une régate, mais ce n'est pas que ça. On a tous été très très touchés, on a passé une sale nuit. J'ai pleuré de joie à l'annonce de la bonne nouvelle, toutes mes émotions étaient mélangées.»

RIOU-LE CAM, LE PRÉCÉDENT

Pendant 14 heures, il n'a plus donné de nouvelles. C'était le 6 janvier 2009, à 200 milles à l'ouest du cap Horn. En pleine nuit, Jean Le Cam, alors troisième du Vendée Globe, annonce qu'il a de « *gros problèmes* ». Sa quille s'est brisée. Vincent Riou, alors skipper de PRB, se déroute vers lui. Une fois sur zone, il découvre le monocoque VM Matériaux retourné, et sa partie arrière, celle qui compte une trappe de secours, est sous l'eau. Riou fait le tour du voilier, ne voit rien. Alors, il pousse un cri. Et dans la foulée, il en entend un autre, vite suivi par l'envoi d'une fusée parachute. Le Cam est en vie, bloqué à l'avant de son bateau qui prend l'eau. « *Ce n'était pas grand, tout juste trois mètres sur deux. J'y suis resté 12 heures* », explique le rescapé. Ensuite, « *j'ai dégagé tous les trucs, fait une première plongée et ouvert la trappe. J'avais fait toute la manipulation dans ma tête. Je sors la tête devant, je m'accroche et je sors de l'eau. Et là, c'est la vision du bonheur : Brit Air (Armel Le Cléac'h) et PRB sont là. C'est le plus beau moment que je pouvais imaginer.* » Onze ans plus tard, clin d'œil ironique de l'histoire, Jean Le Cam a donc endossé à son tour le rôle de sauveteur.

*Extrait de *Vendée Globe, les aventuriers du Grand Sud*, Hugo Sport.

<<JE SORS LA TÊTE DEVANT. JE M'ACCROCHE ET JE SORS DE L'EAU.>>

JEAN LE CAM

Vincent Riou, Jean Le Cam et Kevin Escoffier, réunis par la galère et la solidarité maritime.

CONFIDENCES DU BORD

CLARISSE CRÉMER

Mercredi 11 novembre

« *Vous me conjuguerez "Faire le dos rond" à toutes les personnes :*
Je fais le dos rond
Tu fais le dos rond
Il/Elle fait le dos rond...
Bref, vous aurez compris, j'ai peur, que dis-je, je flippe grave, devant la dépression qui approche. [...] J'ai eu mon lot de petites merdouilles bien agaçantes et parfois énergivores et je sens bien que chaque gros coup de vent hypothèque un peu la santé du bateau. [...] Je souhaiterais ménager ma monture (et mes nerfs). Je suis prête à aller visiter l'Atlantique un peu plus longtemps pourvu que Thêta me laisse tranquille... Amis routeurs et météorologues chevronnés, vous pourrez lire entre les lignes de ce message qu'il faut être indulgent sur l'analyse de ma trajectoire, j'ai mis sur le haut du panier une carte mystère :
"ne pas se faire défoncer".
La bise et bonne nuit. »

ARNAUD BOISSIÈRES

Samedi 14 novembre

« *La nuit est brumeuse avec des cargos à la pelle. C'est impressionnant, ces cargos, mais je n'aime pas trop ce qu'ils représentent : la démesure. Dès que j'en vois un, je le prends en photo, je ne peux pas m'en empêcher. Je pourrais faire une encyclopédie sur les cargos que je croise. Les moches, les moins moches, les moins gros, les moins sales ou encore les étranges... Ça fait marcher mon imaginaire. Ils sont combien à bord, d'où viennent-ils ? Ils font quoi ?* »

ALAN ROURA : EN MODE CHARLIE ET SES DRÔLES DE DAMES

Mardi 17 novembre

« *J'ai passé une bonne nuit de punk à 120° du réel. En mode "Charlie et ses drôles de dames" avec Clarisse (Crémer) et Isabelle (Joschke) qui m'escortent. Je suis assez content d'avoir tenu tête la nuit dernière à ces deux super-nanas qui, en plus d'être très douées, ont de sacrés bateaux.* »

ARMEL TRIPON : FIER NAVIRE EN APESANTEUR

Vendredi 20 novembre

« La lune réapparaît, d'abord timide, mais suffisante pour admirer ce long vaisseau voler au-dessus de l'eau. Depuis mon poste de veille, la mer à 360°, je contemple ce pont suspendu, des milles et des milles engloutis, des vagues qui viennent mourir sur les flancs, dans un claquement net, un sillage éloquent, L'Occitane en Provence trace sa route, fier navire en apesanteur, mi-oiseau, mi-mammifère, si juste à sa place en harmonie avec les éléments. Quel langage parle-t-il avec les habitants de ces grands océans, les invisibles ? Dans ses vols tutoyant le ciel, tirant vers le sud, rêvant de voltige, rien ne semble freiner l'ardeur de cette fusée. Je tiens les rênes et ressens chaque mouvement, chaque accélération, ponctuation, respiration, pause, puis accélération, le jeu est captivant, hypnotique, les yeux sur le speedo, les sens en éveil… Ça dure et ça dure, guidé par les étoiles ! »

SAM DAVIES : MES PIEDS SONT GLACÉS

Dimanche 29 novembre

« J'ai passé ma première vraie nuit dans les océans du Sud, dans les conditions qui règnent derrière le front. La température de l'air est de 10°C. J'ai rapidement rencontré la première grosse rafale : 40 nœuds de vent. Quand la brise passe pour la première fois de 25 à 40 au milieu de la nuit, on est pris par surprise ! Initiatives-Cœur s'est couché sur le côté avec une belle vague qui déferlait sur le bateau ! Ce n'est pas facile, quand on navigue en solitaire et qu'on a besoin de se reposer un peu, de ne pas passer la nuit dans le cockpit avec les écoutes dans les mains (froides) ! C'est un compromis frustrant. Les albatros qui planent dans mon sillage s'amusent ! En attendant, je vais mettre une paire de chaussettes plus épaisses, car mes pieds sont glacés ! »

SÉBASTIEN SIMON

Mercredi 11 novembre

« J'ai eu le mal de mer pour la première fois de ma vie. C'est sans doute lié au stress, j'ai du mal à me détendre. Le front m'a pas mal stressé ! »

CONFIDENCES DU BORD

YANNICK BESTAVEN

Samedi 28 novembre

« La mer n'est pas encore très formée et même si ça "bourre" un peu, sous petit gennaker et grand-voile à un ris, on a une belle lune qui nous éclaire ! C'est assez joli… Il fait grand beau en plus et même si je "serre les fesses", c'est assez magique à regarder. C'est parti pour un petit mois comme ça : je suis comme un gamin, à découvrir ces mers du Sud ! Il y a des albatros et plein d'autres oiseaux que je ne connais pas et, finalement, il ne fait pas encore très froid. Attendons de subir les vents de secteur Sud venant de l'Antarctique… »

CLÉMENT GIRAUD : FAIRE LE TOUR DE LA PLANÈTE ME MET LE CŒUR EN JOIE !

Vendredi 27 novembre

« Les paysages se suffisent à eux-mêmes […]. Un festival de couleurs parfois douces et envoûtantes et parfois menaçantes comme le grain noir. Cela ne répare pas les petites fautes de quart, les loupés, les casses, les pétages de plombs. Pour cela, c'est "bouge-toi minot !!!". Et puis, ne pas oublier de vivre, car l'ensemble est transversal. La balance est à équilibrer en permanence pour rester lucide et savoir pourquoi tu es là, avoir comme objectif d'être "pleinement là" n'est pas aisé, mais j'y travaille. »

FABRICE AMEDEO

Samedi 5 décembre

« Je me traîne dans l'anticyclone de Sainte-Hélène. Les lumières sont magiques ici. C'est un peu un espace hors du temps marqué par le calme et l'immobilité. Je crois que j'avance plus vite dans ma tête que sur l'eau ! Ces moments de lenteur sont l'occasion de faire le point et de me recentrer sur l'essentiel. Je crois qu'il n'est rien de plus beau que de réaliser ses rêves, mais qu'il y a quelque chose d'enfantin dans le rêve : un certain refus du réel. Je suis en train de réussir à faire le deuil de mes ambitions de départ et d'accepter ce nouveau réel, faire vivre une grande aventure et grandir humainement. »

ALEXIA BARRIER : C'EST AMBIANCE JEFF BUCKLEY

Mardi 24 novembre

« *Comment illustrer musicalement le Pot-au-Noir ? Avec Jeff Buckley. Ce n'est pas très gai, mais c'est très joli. On y voit de ces couleurs... Si ce devait être un film, ce serait* 50 nuances de gris. *Il m'est arrivé un truc incroyable : une tribu de libellules africaines s'est posée sur le bateau en pleine nuit, elles m'ont tenu compagnie. Elles sont assez grandes, avec de grands yeux comme les femmes de la Côte d'Azur avec leurs grosses lunettes.* »

FABRICE AMEDEO

Mercredi 25 novembre

« *Cette partie du parcours dans les alizés d'hémisphère Sud, entre la sortie du Pot-au-Noir et le Brésil est mon coin de paradis sur l'océan. Dans les alizés d'hémisphère Nord, la mer peut être hachée, le temps gris. Ici règne le turquoise. L'eau et le ciel sont au diapason pour enchanter la rétine du marin. Le soir, le soleil couchant offre des nuances de rose et de violet à couper le souffle, et les cumulus semblent incandescents. Il fait chaud, les poissons volants semblent heureux et la mer est clémente. Je vais profiter de ces quelques jours bien mérités au paradis pour me reposer, ranger mon bateau, l'inspecter et me préparer pour le Grand Sud. Me laisser envahir par cette chaleur et cette lumière avant le royaume du gris et du froid.* »

BORIS HERRMANN : UN MOMENT INOUBLIABLE

Mercredi 25 novembre

« *J'ai vécu un moment inoubliable hier soir, nous étions vraiment très proches (avec Yannick Bestaven), il y avait un beau coucher de soleil, nous sommes au milieu de l'océan pour un tour du monde, c'était magique. Nous étions tellement proches qu'il pouvait m'observer faire mon changement de voile depuis son cockpit.* »

CONFIDENCES DU BORD

GIANCARLO PEDOTE

Samedi 28 novembre

« Ça y est, je suis dans le Sud ! Je vois des albatros, c'est magnifique : ils volent derrière mon sillage, on dirait qu'ils dansent, ils plongent vers la surface de l'eau puis remontent, c'est extraordinaire. Ils volent avec une telle élégance ! Dans la nature, il y a une sorte de perfection. Pendant une ou deux heures, chaque jour, j'essaie de lever la tête au-delà des routages, de la météo, des chiffres… »

ISABELLE JOSCHKE

Lundi 30 novembre

« Ça déboule ! Le décor a changé. Il s'est mis à faire froid du jour au lendemain, je me suis dit qu'il fallait que je sorte couvertures, pulls, bonnet… J'ai vu cette grosse houle qu'on m'avait décrite, qui arrive par l'arrière, et on se demande si ces murs vont nous rattraper… Je m'acclimate, mais ça secoue à bord ! Faire à manger, aller devant l'ordinateur… Tout est compliqué. C'est le début des mers du Sud, c'est un peu grisant, mais je vous avoue que je me demande combien de temps je vais tenir avec cette mer ! Sincèrement je n'en mène pas large. »

PIP HARE

Dimanche 29 novembre

« Nous avons eu une pleine lune en début de soirée. Quand il n'y a pas d'autre pollution lumineuse, la lune est une source de lumière incroyable. Elle éclaire le pont, les voiles, le chemin. La mer scintille d'argent, il n'y a pas besoin de lampe torche, le monde est éclairé en monochrome. La lune disparaissait derrière un nuage, mais elle avait du mal à se cacher car sa lumière brûlait à travers ce dernier, le faisant paraître plein d'énergie et sur le point d'exploser. »

BENJAMIN DUTREUX

Dimanche 29 novembre

« C'est un peu ambiance "vacances à la neige". Il fait plus frais, il fait une petite dizaine de degrés. Il faut s'acclimater, c'est humide ! Je tente de garder mes affaires au sec, de trouver des solutions pour dormir, j'ai ressorti le duvet. J'essaie de m'adapter. Au niveau nourriture, ça change aussi, mais le corps s'adapte bien, j'ai besoin naturellement de plus manger. J'ai l'impression d'être tout le temps en train de bouffer, d'ailleurs ! »

Yannick Bestaven

Vendredi 4 décembre

« *Je ne sais pas si c'est ça le grand Sud, mais c'est invivable à bord ! La mer est démontée, le bateau cogne dans tous les sens. Ça tape trop fort. Se lever est dangereux, se faire un café est dangereux… C'est ambiance "sous-marin", le bateau est constamment sous l'eau. Je vis comme un sanglier, je ne fais que les choses essentielles et vitales. Quand tu veux aller te laver les dents dehors, tu prends des risques… Là, tu serres les fesses !* »

Charlie Dalin

Mercredi 2 décembre

« *On a une accalmie là, avec un petit rayon de soleil. Par contre, ils ont oublié de damer la piste : c'est un champ de bosses ! Je n'ai que 23/25 nœuds de vent. Je récupère avant la prochaine "prune". La première s'est bien passée, j'ai eu des rafales jusqu'à 50 nœuds et du vent établi à 42 nœuds sur 10 minutes. Je passe 50% de mon temps à régler le bateau pour qu'il aille vite et 50% à le dérégler pour le préserver, pour ralentir. C'est un "process" bizarre, je ne suis pas habitué !* »

Armel Tripon

Jeudi 3 décembre

« *Hier matin aux portes du Sud, par 42°38 N et 11°09 W, je sors sur le pont prendre un ris, scrute l'horizon, à l'affût, et là soudain sous le vent, à ma hauteur, je l'aperçois, noble et majestueux, dans son vol plané, comme suspendu. Il m'accueille, m'ouvre les portes de son royaume, je croise le regard de mon premier albatros. Quelle joie, je ris seul, m'émeuts de cette première rencontre tant attendue et symbolique. J'ai vu le premier albatros de ma vie, ce n'est plus une image, un rêve, une lecture, non, je partage quelques instants son vol, puis je reviens très vite finir ma manœuvre… L'escorte n'aura duré que quelques instants, mais cette rencontre magique scelle mon voyage dans le grand Sud de la plus belle des manières.* »

Damien Seguin

Vendredi 4 décembre

« *J'ai vu un truc pendant qu'il faisait nuit : un arc-en-ciel de nuit ! C'était des nuances de vert. Il n'était pas de toutes les couleurs. Il passait entre les nuages. Ça faisait vraiment un arc. C'était quelque chose d'extraordinaire. C'est la première fois que je voyais ça !* »

Alexia Barrier

Dimanche 6 décembre

« *Hier matin, quelqu'un est passé pour repeindre le ciel en gris. Le ciel est voilé, gris, il y a des surventes. Il y a des pétrels qui s'amusent autour du bateau. La température a baissé, j'ai rangé mon bikini, c'est une ambiance complètement différente.* »

DANS LE CHAOS DES MERS DU SUD

Le récap' au cap de Bonne-Espérance

Leader : Charlie Dalin (Apivia)

Bateaux en course : 30

Abandons : 3

Écart : 11 jours entre le 1er et le dernier skipper

« J'ai donné tout ce que j'avais. L'aventure s'arrête là. »
Sébastien Simon

Sébastien Simon (ARKEA PAPREC) en pleines réparations, trop nombreuses pour finalement poursuivre la course.

Sébastien Simon, l'aventure avortée

Mercredi 2 décembre

Un choc qui change tout. À 9h20 ce matin-là, Sébastien Simon, alors quatrième de la course à 430 milles de la tête de course, annonce avoir heurté un OFNI. Le choc est brutal et les dégâts conséquents, notamment sur le foil tribord.

La partie basse du puits de foil s'est désolidarisée et entraîne une voie d'eau. Une cloison est également endommagée et le soufflet du palonnier de safran s'est déchiré. Le skipper d'ARKEA PAPREC se dit « *dépité, dégoûté* ». « *Je ne pense pas mériter ça, je trouve que c'est une injustice incroyable.* » À bord, rien n'est facile : il doit espérer une zone plus calme pour réparer, découper les 300 kg du foil et surtout pomper toutes les deux heures sous le plancher du cockpit. Deux jours plus tard, il est contraint d'abandonner. « *Je ne peux pas continuer. Tout ça n'est pas raisonnable, car il n'était pas garanti que les réparations tiennent pour la suite de la course.* » C'est le temps des regrets : « *J'ai donné tout ce que j'avais. L'aventure s'arrête là.* » Quatre jours après son avarie, ARKEA PAPREC arrive à Cape Town où il retrouve Samantha Davies (voir page 84).

Sébastien Simon, lui, se projette déjà : « *Même si c'est un coup du sort, j'ai envie de revenir, de refaire un Vendée Globe en 2024. J'ai envie d'arriver encore mieux préparé, encore plus déterminé, encore plus fort.* »

Le foil tribord, très endommagé sous le choc de l'OFNI.

Fin de la course pour le bateau de Sébastien Simon (ARKEA PAPREC), au port de Cape Town.

<< On dit que les albatros ont l'âme des marins du passé... >>

Sam Davies

Sam Davies (Initiatives-Cœur), quelques jours avant le choc avec l'OFNI.

Sam Davies, terrible coup d'arrêt

Mercredi 2 décembre

La mer était agitée, le vent puissant (30 nœuds) et la navigatrice toujours aussi déterminée. Et puis, tout a basculé à la tombée de la nuit, comme lors de son démâtage huit ans plus tôt.

« *Je me suis arrêtée net, j'ai volé dans le bateau, tout a volé, y compris mon dîner. J'ai tapé un OFNI, je ne sais pas ce que c'était.* » La navigatrice souffre des cervicales et des côtes. Son bateau ? « *Il souffre aussi* », écrit-elle. Les cloisons du puits de quille sont fissurées et le soufflet de vérin déplacé, qui entraîne une voie d'eau. La Franco-Britannique prend la direction de Cape Town et doit s'accrocher moralement. Mais l'espoir est toujours là, même entre les sanglots : « *J'ai toujours pensé qu'il était stupide de pleurer quand on est seul sur son bateau – personne ne va vous serrer dans ses bras ou vous rassurer. Mais je n'avais aucun contrôle sur ces émotions. J'ai regardé dehors et là, tout près, exceptionnellement près, se trouvait le plus bel albatros que j'aie jamais vu, comme s'il pouvait sentir mon émotion et voulait m'aider. On dit que les albatros ont l'âme des marins du passé... J'ai l'impression d'être escortée en sécurité par ces créatures étonnantes. Je leur suis reconnaissante de se préoccuper de moi !* » Trois jours après le choc, arrivée au port de Cape Town, Sam Davies annonce que les dégâts sont trop importants. Elle abandonne. « *Il y a trop d'inconnues pour entamer les mers du Sud.* » Après dix jours de réparation, la navigatrice a néanmoins décidé de poursuivre son tour du monde, en étant hors course. « *Je me suis fait tellement peur qu'il fallait que je reparte vite, sinon je vais avoir du mal à naviguer à nouveau.* » L'aventure continue, comme Nick Moloney (2004-2005) ou Enda O'Coineen (2016-2017) avant elle.

Sam Davies (Initiatives-Cœur) accueille Sébastien Simon (ARKEA PAPREC) qui vient lui aussi finir sa course à Cape Town à cause d'un accrochage avec un OFNI.

Sam Davies (Initiatives-Cœur) se prépare à repartir, abandon ou pas. Impossible pour elle de rester sur cet échec.

« J'ÉTAIS VRAIMENT À LA LIMITE. 4 À 5 NŒUDS DE PLUS. ET LE BATEAU DEVENAIT INCONTRÔLABLE. »
CHARLIE DALIN

Charlie Dalin (Apivia) se préparant à subir la plus grosse épreuve de sa course.

Dalin, la nuit où il a résisté

Dans la nuit du mardi 8 au mercredi 9

Il avait prévenu son équipe et il se préparait depuis plusieurs jours. Charlie Dalin allait vivre «*sa pire tempête depuis le départ*». Alors leader du Vendée Globe depuis trois semaines, le skipper d'Apivia devait affronter une forte dépression qui s'est progressivement creusée et lui barre la route.

Un temps, les prévisions météo montrent qu'il peut passer à l'avant du front. Mais la dépression est trop forte : il faut l'éviter en limitant les dégâts. Son premier poursuivant, Thomas Ruyant, l'a compris en filant le plus au nord possible et, malgré cette précaution, il affronte des rafales à plus de 60 nœuds. Charlie Dalin, lui, se prépare comme jamais. La tempête doit durer toute l'après-midi, toute la nuit et jusqu'à la mi-journée suivante. En somme, 24 heures chrono en pleine tempête.
Le moment est décisif et, chez Apivia, toute l'équipe se réunit à Concarneau en «*cellule de veille*». Une «*Situation Room*» à la mode course au large. À bord, Charlie Dalin prend toutes les précautions possibles. Il rétracte ses foils et réduit sa voilure au maximum. Mais la violence des éléments est impressionnante. «*J'étais vraiment à la limite. 4 à 5 nœuds de plus, et le bateau devenait incontrôlable… À un moment, je ne savais plus quoi faire pour ralentir.*» Il progresse uniquement avec sa grand-voile après avoir déroulé son tourmentin. Il envoie une vidéo en plein chaos : «*C'est un peu la guerre dehors mais je tiens le coup. Il y a eu quelques heures un peu tendues, le vent sifflait dans le mât, les rafales étaient impressionnantes, le bateau retombait dans les vagues de toute sa hauteur.*» Et puis, enfin, le vent a molli et le skipper s'en est sorti : «*Je crois que j'ai gagné mes galons de navigateur des mers du Sud.*»

Manuel Cousin (Groupe SÉTIN), pendant ce temps-là, est arrivé au cap de Bonne-Espérance.

Thomas Ruyant (LinkedOut) se déplaçant stratégiquement vers le nord.

«Le Vendée Globe raconte des histoires de vie. Et l'échec en fait partie.»

Fabrice Amedeo

Dernière pancarte pour Fabrice Amedeo (Newrest - Art & Fenêtres), qui essaie de relativiser cet abandon.

Amedeo, chaos informatique

Vendredi 11 décembre

Il dit vivre en permanence « *avec une épée de Damoclès* ». Car, depuis qu'il est reparti en course, Fabrice Amedeo ne disposait que d'un seul ordinateur, l'autre l'ayant « *lâché* » au cap Finisterre.

Sauf qu'alors que les mers du Sud se profilent et qu'il mène le troisième groupe, au vingt et unième rang, c'est son deuxième ordinateur qui est « HS ». « *Je veux pouvoir naviguer selon un principe : en ayant le sentiment de maîtriser ma sécurité et celle du bateau* », explique-t-il. Or, avec un seul GPS pour se guider, les risques sont trop grands. Après plusieurs heures à réfléchir, l'ancien journaliste décide d'abandonner et de filer vers Cape Town. « *C'est très dur à encaisser* », explique celui qui avait terminé onzième quatre ans plus tôt. Deux jours après son avarie électronique, le skipper s'amarre au port sud-africain. Malgré la déception, Fabrice assure qu'il va « *digérer cet échec* » et « *revenir plus fort et plus solide* ». Et le natif de Château-Gontier d'ajouter, presque philosophe : « *Le Vendée Globe raconte des histoires de vie, et l'échec en fait partie.* »

Cap de Bonne-Espérance en vue, Fabrice Amedeo (Newrest - Art & Fenêtres) y terminera sa course.

Clément Giraud (Compagnie du Lit - Jiliti) fête ses 40 ans, un moment unique pour le skipper toujours dans la course.

«Je navigue plutôt à 100% du potentiel du bateau.»
Yannick Bestaven

Isabelle Joschke (MACSF) vient d'atteindre le cap Leeuwin avec neuf autres skippers, un regroupement qui redistribue les cartes.

Un regroupement, des doutes et un nouveau leader

Du samedi 12 au jeudi 17 décembre

Il semblait destiné, déjà, à s'envoler vers la victoire. Pourtant, à 50 milles du cap Leeuwin, Charlie Dalin a semblé accuser le coup. Le 12 décembre, il concède 16 milles par heure à Yannick Bestaven (3e).

Et rapidement, les 300 milles de retard de Maître CoQ IV se comblent comme jamais. Le leader depuis le 23 novembre se défend : «*Ce n'est pas un problème technique, je n'ai juste pas de vent !*» La zone de jeu semble plus que jamais chaotique, la faute à ces innombrables bulles sans vent sur le parcours. L'instabilité est reine, le roi Apivia tremble. Et derrière, Bestaven engrange les milles. Le lendemain, alors qu'il fuse à une vingtaine de nœuds, il est le premier de ce Vendée Globe à dire : «*Je navigue plutôt à 100% du potentiel du bateau.*» Certes, le marin de La Rochelle reconnaît que «*c'est très inconfortable*», qu'il «*s'est cogné un peu partout dans le bateau*», qu'il «*a pris des coups aux cervicales, à la tête et au dos*». Mais le résultat est là : le Coq est intenable.
Le Vendée Globe ressemble à une étape de La Solitaire du Figaro. C'est Benjamin Dutreux qui le dit, lui qui pointe à moins de 20 milles de Jean Le Cam et Damien Seguin au soir du 14 décembre. Un peu plus tôt, ils étaient neuf à doubler la longitude du cap Leeuwin en moins de 24 heures. Alors, chaque variation du vent est scrutée comme jamais.

Et alors que le trio de leaders – Dalin, Ruyant, Bestaven – retrouve enfin des conditions plus soutenues, les cartes sont à nouveau rebattues le 15 décembre. La course a un nouveau leader, Thomas Ruyant, et ses rivaux sont ralentis. Yannick Bestaven a dû monter au mât pour réparer son J2. Charlie Dalin, lui, a son foil bâbord endommagé, au niveau de la cale basse (la boîte de renfort où s'encastre le foil). Il a dû ralentir, solliciter son équipe à terre, réparer, repartir. Les deux de devant ont filé vers la longitude de la Tasmanie et, quelques empannages plus tard, le Vendée Globe avait un nouveau leader : Yannick Bestaven. Dixième leader depuis le départ, trente-huitième jour de course. Alors que Charlie Dalin revient, Thomas Ruyant cale.

L'arc-en-ciel semble être un bon présage de la route que Yannick Bestaven (Maître CoQ IV) trace dans la mer en tant que nouveau leader de la course.

Benjamin Dutreux (OMIA – Water Family) pointe du doigt Jean Le Cam (Yes We Cam !) et Damien Seguin (Groupe APICIL) à 20 milles de lui.

« LE BATEAU S'EST REMPLI EN 30 MINUTES PENDANT QUE JE DORMAIS. »
THOMAS RUYANT

Ari Huusela (STARK) avec ses notes de bord, ne négligeant aucun détail.

Thomas Ruyant, la grande frayeur

Dans la nuit du 16 au 17 décembre

Lors du dernier Vendée Globe, Thomas Ruyant avait dû abandonner alors qu'une importante voie d'eau avait été provoquée par un choc avec un OFNI.

Quatre ans plus tard, même zone, même frayeur. Le skipper est réveillé brutalement alors que LinkedOut « *pars au tas* » à plus de 25 nœuds. Il se précipite aux écoutes et constate qu'un problème est perceptible à l'avant du bateau. « *Les deux loquets avant de la trappe se sont ouverts sous l'effet des vagues. Le bateau s'est rempli en 30 minutes pendant que je dormais. J'ai vraiment cru que l'histoire se répétait !* » Mais les réflexes sont là. Il arrête son IMOCA, met en action ses deux pompes du bord, rassure son équipe, repart sous grand-voile et J3. Cette fois-ci, son aventure se poursuit.

Page de droite : Pip Hare (Medallia) fend les vagues et traverse les zones de turbulences.

Ci-dessous : La trappe qui s'était ouverte sous la pression des vagues. Plus de peur que de mal : Thomas Ruyant (LinkedOut) ne sera pas contraint à l'arrêt cette fois-ci.

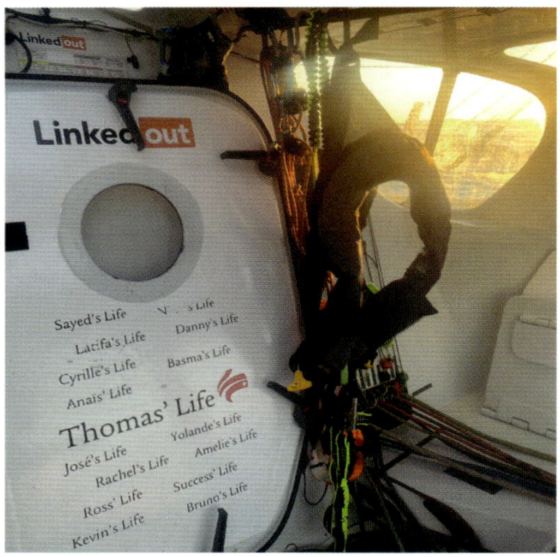

Medallia

«C'EST LE BOUT DU MONDE. L'ÎLE EST SORTIE DE LA BRUME. JE L'AI VUE AU DERNIER MOMENT.» LOUIS BURTON

Giancarlo Pedote (Prysmian Group) surveillant les conditions météorologiques pour définir le meilleur itinéraire.

Les soucis de Louis

Jeudi 17 décembre

Il a été deuxième début décembre, a été rétrogradé au huitième rang et rien ne lui a été épargné. Louis Burton a dû faire face à une succession d'avaries : problème de pilotes automatiques, casse de son rail de grand-voile en haut du mât, hooks non opérationnels, J2 inutilisable…

S'arrêter pour réparer devenait nécessaire. Autant fallait-il se protéger du vent et de la houle. L'endroit tout trouvé est inconnu : l'île australienne de Macquarie, 127 km^2 de long et jusqu'à 300 mètres de haut, réserve naturelle et protection bienvenue au cœur de l'Atlantique. Pendant les trois jours à se dérouter, il hésite à abandonner. Mais Louis s'accroche et arrive sur place le 20 décembre. Moment unique. « *C'est le bout du monde. L'île est sortie de la brume, je l'ai vue au dernier moment. Ensuite, j'ai vu la base scientifique, je les ai eues à la VHF et je devrai les informer quand j'aurai fini mes réparations* ». Là, il s'active et monte au mât à 12h18, 18h15, 3h08… Puis annonce à son équipe qu'il peut repartir. Soulagement général. « *Ce qu'il a fait, peu de personnes le feraient* », assure Jacques Caraës, le directeur de course, admiratif.

Maxime Sorel (V and B - Mayenne), serein, poursuit sa bonne course et creuse l'écart.

L'île Macquarie, étape de réparation vitale pour Louis Burton (Bureau Vallée 2) qui pourra repartir, au grand soulagement de son équipe.

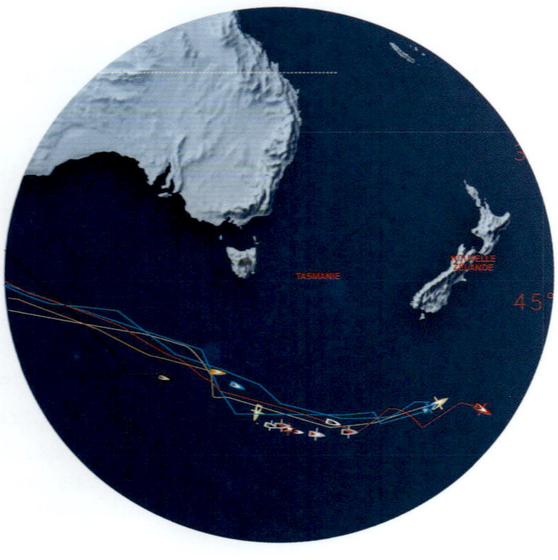

Yannick Bestaven (Maître CoQ IV), leader de la course et heureux de l'être, se fait néanmoins talonner de près.

Un leader bien dans ses bottes

Lundi 21 décembre

Il s'habitue à son nouveau costume sans rien changer. Ni sa façon de naviguer ni sa façon de communiquer. Yannick Bestaven s'apprête à passer les fêtes au chaud, à la première place du Vendée Globe, mais il n'a rien perdu de sa sérénité.

« *Je suis content de ma position, je m'amuse avec le vent,* confie-t-il le 21 décembre. *Est-ce que je suis bien dans mes pompes ? Eh bien, ce n'est qu'une illusion, car j'ai pris deux paires de bottes… L'une est trempée et je n'arrive plus à mettre l'autre. Mes pieds ont dû gonfler !* » Son avance, en revanche, fluctue sous les 200 milles d'avance. Apivia et LinkedOut n'ont jamais renoncé. Les fêtes s'annoncent studieuses.

Romain Attanasio (PURE-Best Western®) nous montre l'île Macquarie. Sans avoir besoin d'y faire escale, son bateau poursuit sa route.

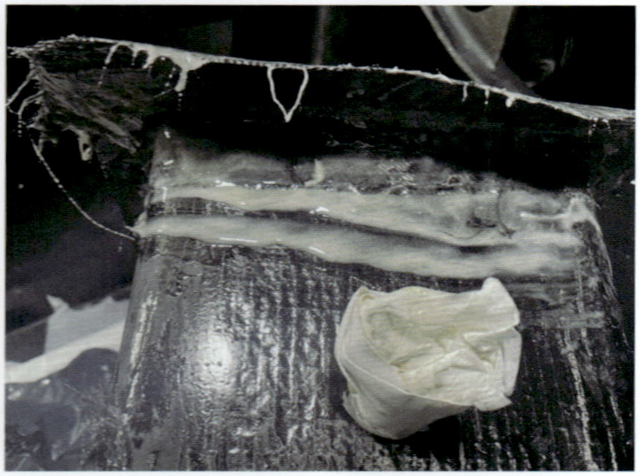

Atelier résine pour Giancario Pedote (Prysmian Group) qui répare ses fuites de réservoir et évite de perdre du gasoil.

« C'EST STRESSANT. SI JE N'Y ARRIVE PAS, JE PERDRAI ÉNORMÉMENT DE TERRAIN. »
CHARLIE DALIN

Charlie Dalin (Apivia) manœuvre avec le vent dans le sud-est, en prenant le temps d'enfiler un bonnet bien reconnaissable.

Noël, la guerre des positions

L'étrange Noël se poursuit donc. Et rien n'est facile, car le Pacifique ne l'est pas. Pas de grandes glissades, pas de grosses enjambées jusqu'au cap Horn. Il faut en permanence s'adapter, étudier les fichiers météo trouver les subtilités d'Éole et de Neptune pour être le plus rapide.

À partir du 22 décembre, le trio de tête – Bestaven, Ruyant, Dalin – doit faire face à un anticyclone obligeant à se contorsionner à proximité de la zone d'exclusion des glaces pour éviter les zones sans vent et gérer le passage dans les zones de hautes pressions. « *C'est le jeu des jybes (empannages) dans le bon timing et le bon tempo pour passer dans ce trou de souris* », résume Thomas Ruyant.

La donne est simple : si Dalin et Ruyant ne parviennent pas à avancer à leur rythme, Bestaven aura déjà un système d'écart. « *C'est stressant, si je n'y arrive pas, je perdrai énormément de terrain* », souligne le skipper d'Apivia. « *Ce moment peut être un passage à niveau ou un regroupement. J'espère que l'élastique ne va pas tendre* », ajoute Ruyant. « *Oui, c'est un moment crucial* », poursuit le leader. Mais ils résistent, tous, ne se quittent pas et, bientôt, c'est un autre dilemme qu'il faut négocier. Le 24 décembre, quand certains hésitent entre les fruits de mer et la dinde, eux ont un choix à faire, soit passer au nord sur une autoroute cabossée par les vents contraires, soit plonger dans le sud-est avec une route plus directe nécessitant plus d'empannages.

Bestaven, Ruyant et, plus tard, Le Cam prennent la première option. Dalin et les autres, la seconde. Le vent est faible, les certitudes aussi. Apivia prend même la tête le 25 décembre, mais la riposte s'organise. Bestaven poursuit sa route vers le nord et bénéficie d'une dépression bienvenue pour reprendre de la vitesse. Il retrouve son trône de leader, le coq est en phase, en tête surtout, et il va s'évertuer à conserver son trône.

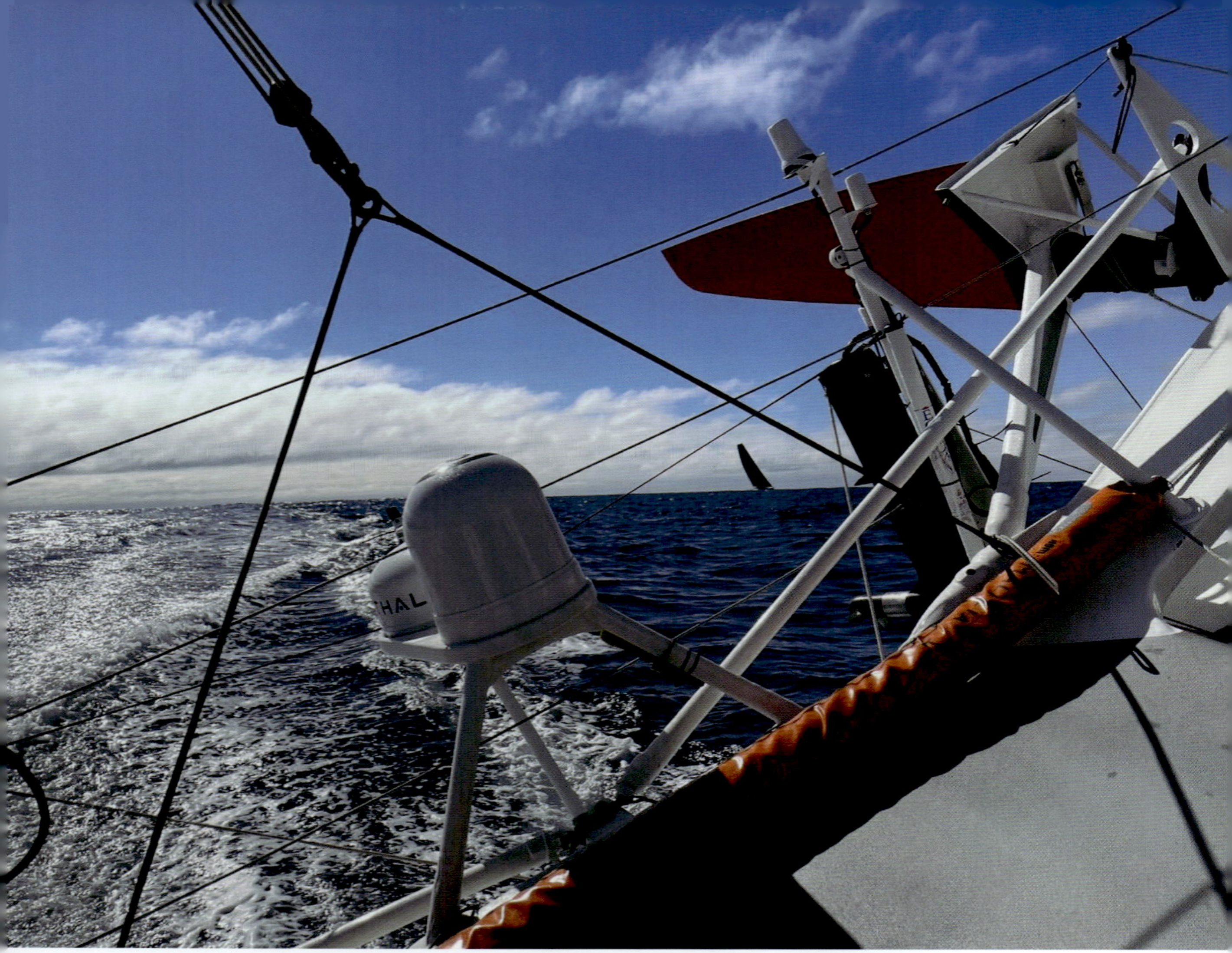

Boris Herrmann (SeaExplorer - Yacht Club de Monaco) est au coude-à-coude avec Jean Le Cam (Yes We Cam !), sous les vents capricieux du nord.

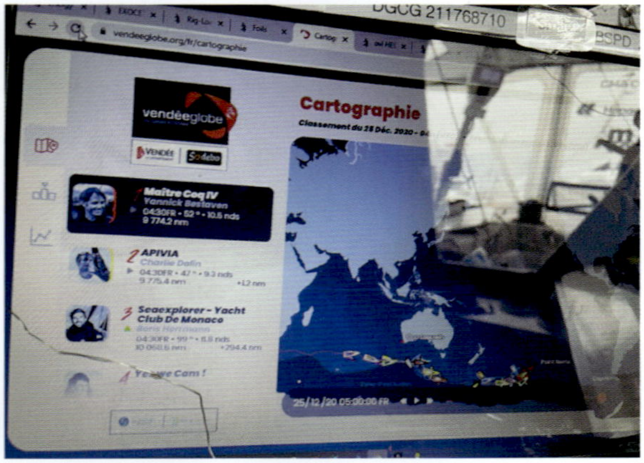

Boris Herrmann (SeaExplorer - Yacht Club de Monaco) consulte la cartographie et le classement afin de ne pas perdre de vue l'objectif final.

« QUAND LA MER EST COOPÉRATIVE. C'EST VRAI QUE ÇA VA VITE. »
JÉRÉMIE BEYOU

Le ciel se dégage pour Jérémie Beyou (Charal) qui vient de passer 48 heures décisives.

Jérémie Beyou, pied au plancher

Vendredi 25 décembre

Les puristes finissaient par se demander quand les foilers de dernière génération allaient enfin pouvoir exprimer tout leur potentiel. La réponse est arrivée la semaine de Noël, et pas de là où on le pensait.

Il fallait garder un œil sur l'arrière de la flotte et sur Jérémie Beyou. Charal se rebiffe, profite des vents forts d'une dépression pour engloutir 750 milles en l'espace de 48 heures. Manuel Cousin, Didac Costa et Stéphane Le Diraison ne résistent pas à cette démonstration de force et cèdent face à celui qui faisait figure de grand favori. « *Quand la mer est coopérative, c'est vrai que ça va vite.* » Et ça impressionne beaucoup aussi.

Page de droite : Stéphane Le Diraison (Time For Oceans) pris dans une houle qui l'empêchera de poursuivre de près Jérémie Beyou (Charal).

Ci-dessous : Au tour de Didac Costa (One Planet One Ocean) de fêter ses 40 ans avec un petit repas de fête !

Kojiro Shiraishi (DMG MORI Global One) a créé une ambiance digne des contes de Noël dans sa cabine.

Noël en mer

Vendredi 25 décembre

Clément Giraud s'excuserait presque : « *Je fête Noël, mais c'est vraiment pour la date. On est tellement décalés...* » Le skipper de Compagnie du Lit - Jiliti résume à sa manière la façon dont la flotte aborde cette période de fête.

Au cœur du Pacifique Sud, ce Noël qui ne ressemble à aucun autre est avant tout une façon de se rappeler les êtres chers restés sur la terre ferme. Thomas Ruyant confie qu'il « *aurait bien aimé être en famille* » et pense « *à ses petits loulous* » avec qui il échange par visio. Giancarlo Pedote a une pensée pour son grand-père, décédé cette année. Romain Attanasio et Arnaud Boissières se sont déguisés en pères Noël, Ari Huusela et Kojiro Shiraishi ont décoré leur intérieur. Et puis, tout le monde est passé à table : dans les IMOCA, le foie gras a encore la cote. Mais pas que. Arnaud Boissières s'est concocté des tranches de chorizo et des lentilles saucisses. Alexia Barrier, elle, a craqué pour des chocolats. « *Ils ont fondu à l'équateur, durci dans le Grand Sud. Ils ont une forme très particulière, mais cela doit être bon à manger.* »

Et puis, tous ont déballé leurs cadeaux. « *J'ai de quoi grignoter, lire, m'amuser* », s'amuse Stéphane Le Diraison comme Alan Roura. Charlie Dalin a eu un cahier de sudoku niveau expert – « *le niveau facile aurait largement suffi* » – et Jérémie Beyou a reçu de nombreux messages de soutien, dont ceux de Franck Cammas, Armel Le Cléac'h, Yann Eliès et Christopher Pratt. Certains s'adressent à ceux resté à terre – « *faites attention à ne pas transmettre le virus à Noël, on aimerait faire une énorme fête à l'arrivée* » (Sorel) – d'autres doivent lutter avec les éléments. « *En cadeau, j'ai eu une petite dépression avec du vent de face* », confie Clarisse Crémer. Mais ce qu'ils souhaitent tous, c'est Benjamin Dutreux qui l'a écrit dans sa liste, quelques jours avant le réveillon : « *Cher père Noël, je voudrais [...] un passage du cap Horn et une arrivée aux Sables d'Olonne, ils me suffiront pour mon compte, je ne suis pas très matérialiste.* »

Rien n'arrête Romain Attanasio/
Père Noël (PURE-Best Western®) :
même en pleine mer et avec
une nouvelle barbe, la course
n'attend pas.

Manuel Cousin (Groupe SÉTIN)
résume sur sa pancarte l'objectif
de tous les skippers : le cap Horn
et, au bout, l'arrivée…

<<J'ai vu deux baleines à dix-vingt mètres du bateau.>>
DAMIEN SEGUIN

Isabelle Joschke (MACSF) fait de sa plante un sapin pour recréer l'esprit de Noël.

Damien Seguin, les baleines et le miracle de Noël

Vendredi 25 décembre

La nature sait offrir le plus beau des spectacles. Et celui auquel Damien Seguin a assisté est aussi unique que grandiose.

Il raconte : « *Pendant cinq minutes, j'ai vu deux baleines à dix-vingt mètres du bateau, qui m'ont escorté. C'était un spectacle absolument magnifique. Dans ce calme anticyclonique où il n'y a pas de mer et peu de vent, elles sont venues à la surface de l'eau un nombre incalculable de fois… Ce sont des animaux tellement grands, tellement impressionnants : j'ai les larmes qui me sont montées aux yeux. C'était un spectacle formidable !* »

Pip Hare (Medallia) nous montre sa chaussette de Noël remplie de cadeaux et son bonnet estival.

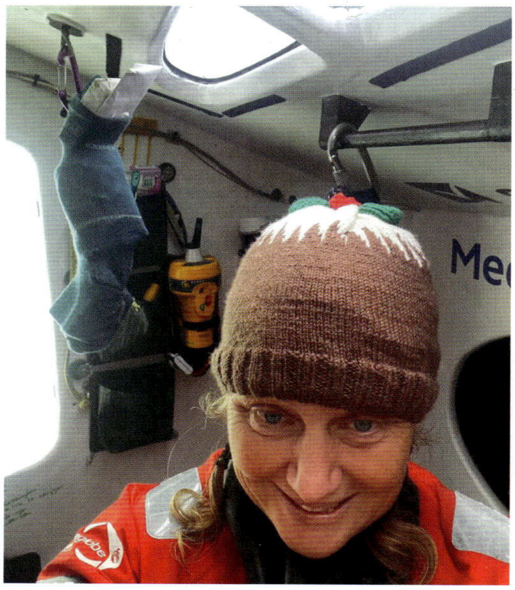

Vous pouvez retrouver sur le site officiel
du Vendée Globe la vidéo de Damien Seguin
(Groupe APICIL) suivi par une baleine.
Un spectacle époustouflant.

Clarisse Crémer (Banque Populaire X) fête ses 31 ans, sa bonne place dans la course sera un de ses cadeaux.

Bataille acharnée dans le Pacifique Sud

Du lundi 28 décembre au mercredi 30 décembre

« *Les longues glissades dans le Pacifique, c'est dans les bouquins* », lâche Jean Le Cam le 31 décembre, bien loin de l'idée de célébrer le passage à la nouvelle année.

Car, avant de retrouver l'Atlantique, les concurrents doivent s'adapter à des conditions particulièrement changeantes, où la vérité d'un jour n'est jamais celle du lendemain, avec bascules de vent et de molles, empannages et recadrages en pagaille, ralentissements et accélérations... « *Il y a quatre ans, c'était un grand tout droit. Là, c'est plutôt le Spi Ouest-France en version océanique* », s'amuse Louis Burton. Et il y a match : à moins d'une semaine des premiers franchissements du cap Horn, moins de 400 milles séparent les dix premiers, contre 5700 milles lors de la dernière édition ! Mais quand Neptune gronde, ça tremble. Des vagues déferlantes ont engendré de nouveaux soucis sur le foil tribord de Charlie Dalin, Damien Seguin évoque une « *mer démontée* » et Giancarlo Pedote reconnaît que « *le matériel est très sollicité* ». « *Je suis à l'affût comme un fennec* », poursuit Burton. Tous longent la ZEA (la Zone d'Exclusion Antartique, zone des glaces dérivantes interdite à la navigation par la direction de la course) pendant qu'un duo s'échappe à nouveau.

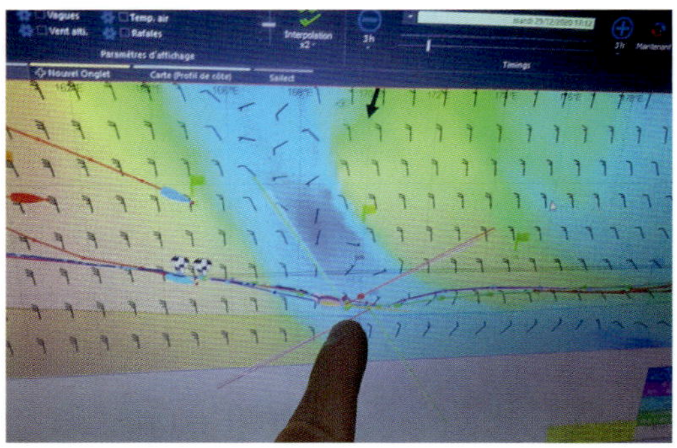

Jérémie Beyou (Charal) nous montre sa place et la dépression à laquelle il fait face.

Maxime Sorel (V and B - Mayenne), sourire hésitant aux lèvres face aux éléments déchaînés.

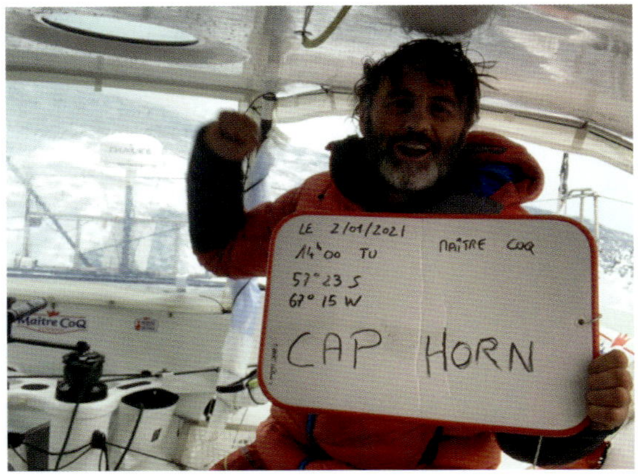

Yannick Bestaven (Maître CoQ IV) exulte de joie après avoir souffert du mauvais temps, il est le premier à arriver au cap Horn.

Bestaven l'éclaireur, Dalin le chasseur

Du jeudi 31 décembre au dimanche 3 janvier

Elle pouvait avoir valeur d'accélérateur comme de coup de frein spectaculaire. L'imposante dépression secondaire qui se déploie au large de la Terre de Feu oblige Yannick Bestaven et Charlie Dalin à partir «*pied au plancher*» pour se préserver et surtout creuser l'écart.

Et la stratégie fonctionne. «*Je me suis démené pour rester devant le front,* apprécie le skipper d'Apivia. *Yannick fait un peu l'ouvreur dans la tempête et il doit se faire secouer encore plus que moi !*» Bestaven abonde : «*On est tout de même dans un entonnoir ! Avec les fonds qui remontent et les courants aux abords du cap Horn, ça doit être une vraie marmite là-haut.*»

À bord de Maître CoQ IV, il reconnaît qu'il «*se fait projeter quand le bateau s'arrête*», que son pilote «*ne sait parfois plus où il habitait*» et que «*son espace de vie se résume à son fauteuil et à sa bannette*». Pourtant, après cinquante-cinq jours de course, il franchit enfin le cap Horn, une délivrance. «*Ça fait plaisir dans ce monde cruel,* confie le leader. *Le passer sur un premier tour du monde et en tête du Vendée Globe en plus, c'est dingue.*» 14 heures plus tard, c'est Charlie Dalin qui déboule, de nuit, à 7 milles de ces rochers iconiques. Il savoure : «*C'est un moment fort, un bonheur tout simplement.*» Désormais, cap au nord !

Clarisse Crémer (Banque Populaire X), dans l'œil de la dépression, combat les vagues mais tient bon.

Au tour de Charlie Dalin (Apivia) de passer le cap Horn, fatigué mais heureux d'avoir franchi cette étape difficile.

Jérémie Beyou (Charal) adresse depuis la mer un message rempli d'espoir aux terriens qui attendent le retour des skippers.

Le réveillon du bout du monde

Jeudi 31 décembre

Parce qu'ils sont tous à proximité de la zone d'exclusion des glaces, parce qu'ils sont dans des contrées qui font partie des plus hostiles de la planète, ils n'ont pas vécu le réveillon le plus chaleureux du moment.

Certes, il y a eu « *les visios en famille* » (Maxime Sorel), « *le petit apéro* » (Boris Herrmann), « *le repas de gala arrosé de bière* » (Stéphane Le Diraison), la musique à fond à bord de Medallia (Pip Hare) et la danse sur TSE-4myPlanet (Alexia Barrier). « *Un coup pour moi, un coup pour le bateau, un coup pour Neptune, pour qu'il soit clément avec nous* », lâche Charlie Dalin en arrosant son cockpit. À l'heure des vœux, certains évoquent la situation sur terre et ce virus qui n'en finit plus de se propager et tous évoquent leur envie simple d'aller au bout de leur aventure, de continuer à profiter et de faire rêver.

Les décorations de Kojiro Shiraishi (DMG MORI Global One) pour le Nouvel An sont encore plus belles que celles de Noël !

Boris Herrmann (SeaExplorer - Yacht Club de Monaco) s'est fait une coiffe de fête à l'occasion de son apéro de réveillon.

L'huile d'olive gelée de Giancarlo Pedote (Prysmian Group) illustre bien le froid glacial qui règne dans le bateau.

Fiers comme des cap-horniers

Du samedi 2 au mardi 5 janvier

Arnaud Boissières (La Mie Câline - Artisans Artipôle), en pleine tempête, espère mettre derrière lui au plus vite le cap Horn et ses vagues étourdissantes.

Il s'agit d'un caillou posé au cœur du chaos, par 55° 58' Sud et 67° 17' Ouest, soit l'extrême pointe de l'Amérique du Sud. Un bloc noirâtre, lugubre, sinistre, froid, trop souvent embrumé et parfois enneigé.

Le cap Horn est un mythe, découvert en 1578 et passé pour la première fois en solitaire d'ouest en est par Joshua Slocum. Le cap Horn est une récompense en soi quand on a cavalé dans le Pacifique où si peu d'humains s'aventurent.

Yannick Bestaven n'aura pas vu ce caillou, mais il dépeint « *le décor magnifique* » : « *C'est Nazaré en continu, je me croyais en surf tracté avec 8 à 10 mètres de vagues.* » Charlie Dalin, de nuit, a distingué les lumières du phare. « *J'ai appelé le gardien et on a pu échanger quelques mots* », confie le tout frais cap-hornier. Derrière, cinq marins franchissent la ligne le 4 janvier, du jamais-vu dans l'histoire de la course. Damien Seguin en fait partie : « *J'ai pleuré toutes les larmes de mon corps, c'est tellement d'efforts pour arriver là.* »

Jusqu'au bout, les conditions ont été délicates avec parfois des creux de 6 mètres et des vents de 45 nœuds. Le bateau de Maxime Sorel s'est même couché à l'horizontale et des filières se sont arrachées alors que Boris Herrmann a eu sa grand-voile déchirée. Impossible de rester indemne face à la violence des derniers milles dans le Pacifique. « *Le cap Horn, ce n'était pas gagné,* confie Jean Le Cam qui l'a franchi pour la septième fois. *Pour nous, c'est une frontière.* » Mais une fois passé, tout s'apaise, tout s'éclaircit. « *Il y a du soleil et ça change tout* », apprécie Clément Giraud. Thomas Ruyant évoque, quant à lui, « *l'impression de revenir à la réalité : c'est dingue comment la transition est brutale, on passe en quelques heures des rafales à 45 nœuds, du froid et de l'humidité à la mer plate. Moralement, je suis complètement reboosté par ce sentiment de faire route vers la maison.* » « *Je n'en reviens toujours pas,* s'amuse Armel Tripon, trois jours plus tard. *Tout de suite, c'est plus léger, il y a moins de tension. C'est un sacré voyage !* »

Le cap Horn et ses montagnes, le Graal de tous les marins, immortalisé par Thomas Ruyant (LinkedOut).

Maxime Sorel (V and B - Mayenne) résume l'objectif de tous les cap-horniers : la maison.

Damien Seguin (Groupe APICIL) aura mis tout son cœur pour arriver jusqu'à cette étape importante et émouvante.

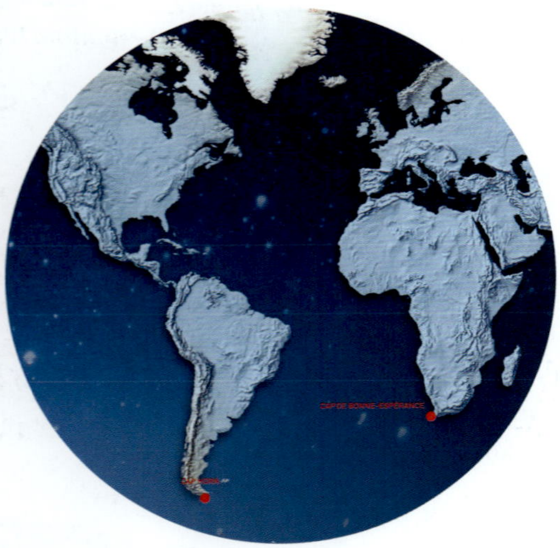

CONFIDENCES DU BORD

CLÉMENT GIRAUD

Mardi 8 décembre

« Je ressens vraiment beaucoup de bonheur à être là. J'ai tous les sens en éveil, je capte une belle lumière… Les moments de bonheur, j'essaie de les capter, de les garder et de me faire de petits plaisirs… J'ai de la viande séchée de France, j'ai de la purée de coco, des lentilles corail à la sauce créoline, des salades thaïlandaises, du parmesan, et je m'autorise un peu de vin rouge, juste pour le goût… J'ai l'impression d'être à la maison ! »

MANUEL COUSIN

Mardi 8 décembre

« Je viens de passer le cap de Bonne-Espérance. J'ai la chance d'avoir un maître-chocolatier vendéen qui m'a préparé des gâteaux au chocolat pour tous mes passages importants. Ce sont des petits plats de gâteaux qui sont tout préparés. J'ai juste à ajouter de l'eau, mélanger tout ça, le mettre dans la cocotte, et ça me fait un bon petit gâteau au chocolat. Je vais me préparer ça ce matin et je pense que je vais bien l'apprécier en attendant de contourner une dépression. »

MAXIME SOREL

Samedi 12 décembre

« On parle énormément avec Jacques [Caraës, le directeur de la course] par WhatsApp en tant qu'amis, mais aussi en tant que directeur de course. Je crois que c'est vraiment quelque chose de fort. On sent un vrai soutien, un vrai suivi derrière nous. On sait qu'ils sont toujours là et c'est hyper-rassurant. Ce sont nos anges gardiens ! »

ROMAIN ATTANASIO

Jeudi 10 décembre

« J'ai très envie de steak-frites. C'est à un point où j'ai rêvé que j'en mangeais un. J'ai approché ma fourchette vers ma bouche, mais il n'y avait rien. Du coup, je me suis réveillé en sursaut ! »

SÉBASTIEN DESTREMAU

Samedi 12 décembre

« J'ai eu une nuit terrible. Il y avait des nids-de-poule partout, j'étais au volant de mon bolide, et là j'ai vu une forme étrange, rouge et noire, dans mon rétroviseur. Elle s'est rapprochée, m'a fait des appels de phares, m'a klaxonné comme un Italien dans un nuage d'écume. Je pensais être tranquille sur cette route. Après tout ce vacarme, il m'a appelé "Salut Sébastien ! Comment ça va ? Je suis content de te voir." C'était Jérémie Beyou sur Charal qui me doublait à vive allure. Il est passé tellement vite qu'il m'a enrhumé. Voilà, on a parlé ce matin à la VHF avec Jérémie [Beyou]. »

BORIS HERRMANN

Mardi 15 décembre

« J'ai souffert de la solitude. Ça m'a surpris, parce que j'ai fait des courses en solitaire sans problème. Là, je me sentais très seul et j'avais un peu peur aussi. J'ai fait très attention, je n'ai pas trop "bourriné", mais dans la tête, ce n'était pas facile. C'est fatigant d'avoir peur en permanence que quelque chose casse. Je n'ai pas peur pour moi, même si c'est vrai qu'après Kevin [Escoffier], je me suis fait un peu de cinéma dans ma tête. Je crois qu'il faut que je me libère, que je trouve complètement mon rythme. Normalement, ça prend une semaine, mais là, comme la course est plus longue, peut-être que ça prend plus de temps. »

ALEXIA BARRIER

Lundi 14 décembre

« J'ai été très surprise par la taille des albatros. Certains doivent peser plus lourd que moi ! »

ARI HUUSELA

Mercredi 16 décembre

« Quand le soleil s'est bien levé et qu'il tape un peu, je suis comme "dans ma serre" au soleil. Je vais prendre mon café du matin dehors, en regardant l'albatros voler autour du bateau. C'est vraiment agréable. La seule chose, c'est que je n'ai plus beaucoup de biscuits. Encore 70 jours. »

GIANCARLO PEDOTE

Lundi 16 décembre

« Hier, j'ai pris ma douche dans l'Indien, l'eau était à 10°, mais c'était une vraie douche. J'aspire l'eau de mer avec la pompe de ballasts, et je me lave avec l'éponge, le savon, j'ai même fait un shampoing. Je me suis changé, je serais même prêt à aller à un mariage, vu comme ça sent bon. »

CONFIDENCES DU BORD

ARMEL TRIPON

Mardi 22 décembre

« J'entre dans le Pacifique alors qu'à terre vous entrez dans votre nuit, j'attaque un nouveau monde, sans frontières, sans limites, si ce n'est géographiques. Je n'ai vu personne, pas un cachalot, pas une baleine à bosse pour me saluer ou demander mes papiers ! L'océan n'a donc pas de frontières, l'Europe se rétrécit, se rabougrit, se renferme sur elle-même, et moi je parcours le monde océanique libre comme le vent, je tourne autour du globe comme un derviche, la vitesse, le bruit, la musique, le bateau qui tape, qui tape, qui tape au rythme que je lui impose.
Ce pacte de confiance tient bon : certes, il fuit, grince, gémit, suinte, mais encaisse, et même en redemande, à la limite du raisonnable, du pas raisonnable du tout même quelquefois. C'est un pur-sang, un andalou, fier et bravache, qui en veut toujours plus. Alors, quand c'est possible, je lui lâche la bride, lui donne du champ, il me regarde du coin de l'œil et part en ruade, me désarçonnant presque. Le monde du silence disparaît, et le bruit est souvent anxiogène, alors mieux vaut ne pas l'entendre. »

ALAN ROURA

Mardi 29 décembre

« Décidément, les lendemains de fête, ce n'est pas mon truc ! Il y a quatre ans, je percutais un OFNI le 2 janvier et, là, j'ai un nouveau souci hydraulique le lendemain de Noël. J'en rigole, mais ce nouveau coup dur n'a pas été simple à surmonter. J'ai passé les mains dans l'huile de 4 à 17h (heure française) et je suis un peu au bout de ma vie… »

MAXIME SOREL

Jeudi 31 décembre

« Imagine-toi après vingt-cinq jours d'isolement dans une boîte en carbone. Tu as déjà commencé ton voyage intérieur et tu entres alors dans un univers inconnu. Ce que les gens appellent "Le Grand Sud" ou "Le Royaume des Ténèbres"… Ça glace le sang, non ? Les marins qui y sont déjà allés, en parlent comme quelque chose d'unique, de froid, de gris, de dur, mais semblent en être tombés amoureux. Tu es alors aux portes de ce truc qui te fait à la fois peur et envie. »

YANNICK BESTAVEN

Vendredi 4 décembre

«Je ne sais pas si c'est ça le grand Sud, mais c'est invivable à bord ! La mer est démontée, le bateau cogne dans tous les sens. Ça tape trop fort. Se lever est dangereux, se faire un café est dangereux… C'est ambiance "sous-marin", le bateau est constamment sous l'eau. Je vis comme un sanglier, je ne fais que les choses essentielles et vitales. Quand tu veux aller te laver les dents dehors, tu prends des risques… Là, tu serres les fesses ! »

THOMAS RUYANT

Jeudi 31 décembre

«À bord, je suis sur l'espace de liberté le plus grand qu'on puisse imaginer. J'ai besoin de ce sentiment de totale liberté. Égoïstement, nous profitons de cette liberté pour donner un peu de rêve.»

BENJAMIN DUTREUX

Lundi 4 janvier

«Parfois, je me demande pourquoi est-ce qu'on fait ça, mais il y a tellement de moments de plaisir, de dépassement de soi, qu'on oublie vite les moments ingrats et durs. Les glissades à plus de 20 nœuds, c'est un peu stressant, mais c'est ce que l'on est venu chercher. Je suis probablement toujours un grand enfant, mais c'est sûr que de toutes les expériences que j'ai pu vivre jusque-là, ce Vendée Globe est incroyable… Disons que mentalement, on ne peut pas rester inchangé après avoir traversé plusieurs océans en solitaire sur un bateau. On évolue.»

ALEXIA BARRIER

Mardi 5 janvier

«Sur ce tour du monde, on se rend compte que moins il y a de monde, plus il y a d'animaux. Je pense à la planète tous les jours, en rentrant, je vais mettre les bouchées doubles pour qu'on se préoccupe encore un peu plus des océans.»

CONFIDENCES DU BORD

CLARISSE CRÉMER

Mardi 15 décembre

« *Ce matin, je suis au paradis. La mer est plate et le sommeil n'en est que plus exquis, je sombre dans une espèce de rêverie intense où se mêlent des concurrents du Vendée Globe, des îles perdues, des manchots empereurs et des yacks… et je me réveille en sursaut deux heures plus tard. Et, surprise, le vent a molli et le soleil apparaît, timide mais réchauffant !*
Me voici dehors, sur ce toboggan à sacs de voiles qui m'accueille comme un banc avec vue sur mer. Mon pamplemousse en main, puis en bouche, ma musique dans les oreilles (un joyeux mélange de Jeff Buckley, de Otis Redding et d'Offenbach), je suis au paradis.
Je ne suis pas du style à trouver de sens caché à la vie en général, mais ce matin, j'ai l'impression que tous les événements de ma vie ont été organisés pour que je me retrouve ici, à cet instant précis, pour vivre ce moment de joie unique. Peu importe si je ne suis pas en forme demain ou si une mauvaise surprise m'attend, ce qui compte, c'est maintenant.
Et ce moment de joie vécu, il ne pourra plus jamais m'être enlevé.
Merci le Vendée Globe ! »

PIP HARE

Mardi 15 décembre

« *Hier, j'ai poussé Medallia, ce qui nous a permis d'atteindre une vitesse moyenne de 19,28 nœuds entre 17h et 21h. Ce n'est pas souvent que je parle avec fierté de mes propres réalisations, je crois fermement que la fierté précède quelque chose de négatif, j'ai donc une aversion pour toute sorte de déclaration qui pourrait être considérée comme de la vantardise. Je suis encore un peu en état de choc, un peu groggy : j'ai l'impression de me réveiller d'une énorme fête improvisée qui s'est déroulée chez moi hier soir.* »

ALAN ROURA

Mercredi 16 décembre

« *Je fais des rêves bizarres. J'ai rêvé de Clarisse Crémer, pas du tout ce que vous pouvez imaginer (rires), mais on était à Lorient. Je venais d'arriver du Vendée Globe, alors qu'elle, ça faisait quatre jours. Je la croise en plein hiver à Lorient, elle est en short et tee-shirt, elle est bronzée, voire cramée par le soleil, je lui dis "Salut Clarisse !" et elle me snobe. Elle me snobe jusqu'au moment où je lui dis "Ce soir on fait une fête, il y aura des bières à gogo", et elle me dit "Cool, j'arrive !". Voilà fin du rêve. Pour de la bière, la fille, elle voulait bien me parler ! (rires).* »

STEPHANE LE DIRAISON

Samedi 19 décembre

« Je suis passé par toutes les couleurs de l'arc-en-ciel, j'ai réussi à faire mon chemin au niveau mental. Ce sont des aléas, on ne maîtrise pas. Chacun fait sa course, de toute façon, il y a plusieurs courses sur ce Vendée Globe. Ce qu'on vient tous chercher, c'est la mise au défi. Qu'on soit devant ou derrière, la mise au défi est la même, c'est faire avancer son bateau au mieux, avec les conditions dont on dispose et les conditions techniques du moment. C'est du travail quotidien. »

MIRANDA MERRON

Mardi 22 décembre

« J'aurais du mal à inviter quelqu'un à bord, j'ai un peu honte de ma maison. Je ne vois pas le temps passer, les jours et nuits passent très vite. Je n'ai même plus le temps de dormir, manger est devenu complètement aléatoire, avec le décalage horaire, c'est devenu du grand n'importe quoi. J'aimerais avoir juste trois heures pour pouvoir répondre aux amis sur WhatsApp. »

CHARLIE DALIN

Mardi 5 janvier

« Le Grand Sud, c'est un endroit particulier. C'est hostile, il y a toujours de la mer, du vent, plus de vent que ce qu'on pense. Le vent est lourd, puissant, parce qu'il est froid. C'était une super-expérience : le décalage horaire permanent, les dépressions qui s'enchaînent, c'est un mixte de sentiments d'être au milieu de nulle part, loin de toute civilisation. J'ai parlé à un bateau de pêche au début de l'Indien, c'est le seul que j'ai croisé de tout le Sud. »

CLÉMENT GIRAUD

Lundi 21 décembre

« Oui, quand il n'y a pas de vent, c'est la "teuf" à bord, musique à fond, et je me surprends à danser comme un gamin dans sa chambre à l'abri des regards, c'est davantage de la gesticulation que de la danse, ça détend. »

L'ATLANTIQUE ET LE RUSH FINAL

Le récap' au cap Horn

Leader : Yannick Bestaven (Maître CoQ IV)

Bateaux en course : 27

Abandons : 7

Écart : 22 jours entre le 1er et le dernier skipper

Yannick Bestaven, « tout lui réussit » !

Du lundi 4 au vendredi 8 janvier

Romain Attanasio (PURE-Best Western®) enlève les algues kelp qui s'accrochent à la quille, nombreuses autour de l'île des États. Ne pas le faire peut créer un risque de casse.

La folle remontée. Au large des côtes de l'Amérique latine, terre de résistance et d'émancipation, un homme s'est épris d'une folle liberté à coups de cavalcade de géant au cœur de l'Atlantique.

En ce début d'année, Yannick Bestaven s'éclate. Il compte jusqu'à 439 milles d'avance sur ses poursuivants et impressionne derrière. Thomas Ruyant, qui s'évertue à revenir sur Charlie Dalin, l'atteste le 8 janvier : « *Yannick est en grande forme : tout lui réussit. Il va vite, il fait un Vendée Globe incroyable. Il doit avoir une confiance en lui et en son bateau très importante.* »

Didac Costa (One Planet One Ocean) dépose sa balise UNESCO. Sept bouées météorologiques de Météo France et trois flotteurs profileurs du programme Argo France ont été déployés par les skippers, là où les scientifiques manquent de données pour protéger les océans.

En ce début du mois de janvier, Yannick Bestaven (Maître CoQ IV) creuse un écart particulièrement conséquent.

IMOCA
Maître CoQ
Le Volailler
Maître CoQ

Alan Roura (La Fabrique) fonce à travers les vagues pour se frayer une place dans le classement.

Pip Hare, leçon de résistance

Dimanche 7 janvier

Elle a quarante-six ans et elle s'accroche comme jamais. Le 2 janvier, Pip Hare avait déjà dû s'adapter à un problème d'anémomètre, le deuxième depuis le départ. «*Je n'ai plus de données sur le vent en haut du mât. Je suis totalement abattue*», confiait-elle alors.

Cinq jours plus tard, alors que Medallia est situé entre le point Nemo et le cap Horn, nouvelle désillusion : «*J'ai découvert que la partie supérieure de la mèche de mon safran bâbord était fissurée.*» Elle dit «*mettre sa course entre parenthèses*», être «*complètement dévastée*», mais «*rester positive*». Jérémie Beyou s'inquiète pour elle : «*Je ne sais pas comment elle va faire pour réparer dans ces conditions de mer et de vent.*» Pourtant, la Britannique s'y attelle, se rappelant qu'Alan Roura y était parvenu il y a quatre ans. Aidée par son équipe à terre et malgré les appréhensions, elle vient à bout des réparations. «*Je suis de retour dans le jeu, je n'arrive pas à croire que j'ai fait ça.*» Sa joie est à la hauteur de son défi : «*Je suis fière. Cette course met au défi chaque aspect de l'être humain et nous oblige à réaliser des choses extraordinaires.*» Exactement ce qu'elle venait de réaliser.

La neige australe s'accumule sur les voiles d'Arnaud Boissières (La Mie Câline - Artisans Artipôle), qu'il enlève.

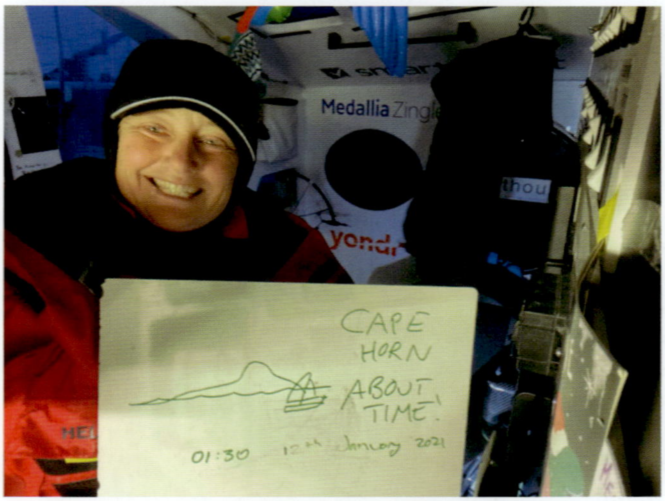

La joie de Pip Hare (Medallia) devant son gouvernail réparé qui lui permettra d'atteindre enfin le cap Horn.

« JE SUIS DE RETOUR DANS LE JEU.
JE N'ARRIVE PAS À CROIRE
QUE J'AI FAIT ÇA. »
PIP HARE

« C'EST COMME SI ON METTAIT DES CLAQUES TOUTE LA NUIT ALORS QUE VOUS VOULEZ VOUS COUCHER. »

ISABELLE JOSCHKE

La dernière étape qu'a pu passer d'Isabelle Joschke (MACSF) avant de devoir déclarer forfait.

Isabelle Joschke, le coup dur

Samedi 9 janvier

Sébastien Destremau (merci) en pleine réparation de son pilotage automatique, une vraie galère.

Dans la matinée, elle avait expliqué comment tout était compliqué. Isabelle Joschke s'interrogeait sur « *la brutalité de nos bateaux* », parlait « *d'inconfort* », elle qui navigue depuis 24 heures au près, dans une mer formée.

« *C'est comme si on mettait des claques toute la nuit alors que vous voulez vous coucher.* » Onzième de la flotte, elle s'accroche, mais reconnaît avoir « *au moins une avarie par jour* ». Et puis, il y a celle de trop : l'annonce de la casse du vérin de quille et de son abandon. Alain Gautier, son team manager, explique : « *Isabelle prend la mesure des choses, elle doit garder de la vitesse pour ne pas être le jouet des vagues.* » « *Je suis extrêmement triste* », lâche la navigatrice de MACSF. Le Vendée Globe de cette femme courage faisait l'unanimité dans la flotte, et tous les skippers ont avoué un contrecoup après avoir appris la nouvelle.

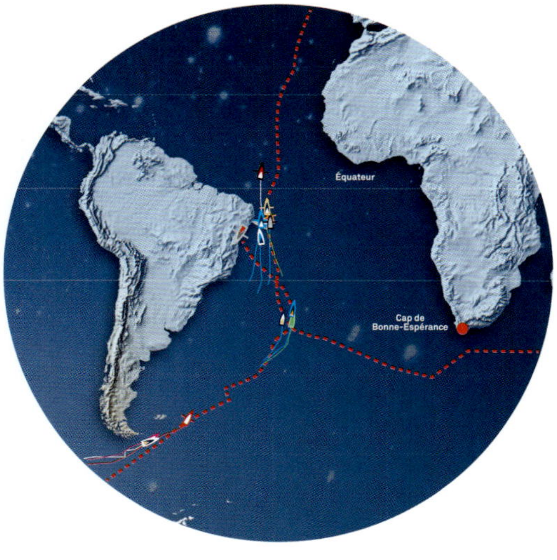

Isabelle Joschke (MACSF) en approche du port de Bahia au Brésil, après son abandon, où elle fera escale.

« 435 MILLES LE 8 JANVIER. 191 MILLES LE 10 JANVIER. 40 MILLES LE 11 JANVIER... »

Charlie Dalin (Apivia) tout sourire avec sa nouvelle place de leader, démontre bien que la météo (et les efforts du skipper) peut déjouer tous les pronostics.

Bestaven, rattrapé par la patrouille

Du jeudi 7 au mercredi 13 janvier

Rien n'est jamais acquis au Vendée Globe. Yannick Bestaven est un marin d'expérience et il sait que la vérité d'un jour n'est jamais celle du lendemain au large. Lui qui faisait la course en tête depuis trois semaines voit son avance fondre comme neige au soleil. 435 milles le 8 janvier, 191 milles le 10 janvier, 40 milles le 11 janvier...

Une zone de pétole ensuite et Maître CoQ IV ne domine plus la course : Apivia reprend le fauteuil de leader le 13 janvier. L'ironie, c'est que Yannick avait déjà évoqué le sujet avant de perdre autant de terrain. « *Je ne sais pas qui a fait la météo sur ce Vendée Globe, mais il faut changer de météorologue, je vous le dis ! On dirait qu'on fait tout pour que l'on n'arrive pas vite aux Sables d'Olonne !* » Et le skipper de Maître CoQ IV de prévoir la suite : « *Ce sera un peu "ambiance Figaro".* » Et cela a été le cas.

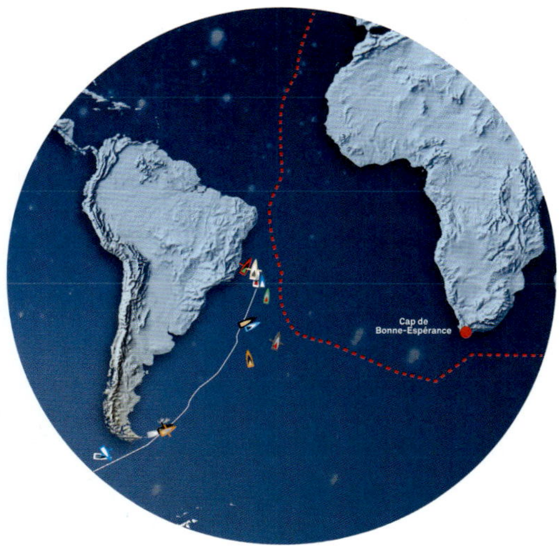

Didac Costa (One Planet One Ocean) se réjouit de pouvoir admirer de plus près le Cap Horn que lors de son premier passage en 2016 et exulte devant cette étape si symbolique.

Benjamin Dutreux (OMIA – Water Family) profite d'une météo clémente pour faire une pause lecture.

Damien Seguin (Groupe APICIL) prêt à jouer une course serrée.

Et tout recommencer

Mardi 12 janvier

Soixante-cinq jours après le départ, à la latitude de Recife (Brésil), une nouvelle course débute.

Ils sont cinq en tête, séparés d'à peine 25 milles : Charlie Dalin, Damien Seguin, Yannick Bestaven, Thomas Ruyant et Louis Burton. Dans leur sillage, Boris Herrmann, Benjamin Dutreux, Giancarlo Pedote et Jean Le Cam ne sont pas loin non plus. « *On risque de revenir sur tout le monde* », souligne Jean Le Cam. Boris Herrmann s'amuse : « *Le jeu est ouvert et le grand match va débuter !* » En remontant vers l'équateur, les grains sont nombreux, le vent varie brutalement de force et complexifie un peu plus la progression de la tête de course. Tous sont aux aguets, une main sur les écoutes, un œil à observer le ciel, un autre sur le radar.

Boris Herrmann (SeaExplorer - Yacht Club de Monaco) a réparé à temps sa grand-voile pour la dernière étape : la maison.

Louis Burton (Bureau Vallée 2) lui aussi est dans les starting-blocks pour tout donner sur la dernière ligne droite.

<<LE JEU EST OUVERT ET LE GRAND MATCH VA DÉBUTER !>>
BORIS HERRMANN

Sébastien Destremau (merci) arrive au port de Christchurch en Nouvelle-Zélande, loin de l'arrivée qu'il espérait.

Sébastien Destremau, trop, c'est trop

Mardi 12 janvier

Il aura lutté contre les galères et le sort qui s'acharne. Avant même le départ, Sébastien Destremau (merci) avait bénéficié d'un délai supplémentaire pour mettre son bateau à la jauge.

Puis, sa casquette en carton n'a pas résisté aux déferlantes d'eau, il a eu « *des emmerdes de routine* » (un lazy jack défaillant, une inondation, une panne d'électronique), des soucis d'hydraulique de quille, d'anémomètre, avant que ce soit le pilote automatique qui fasse des siennes dans les mers du Sud… Longtemps, le dernier du Vendée Globe 2016-2017 a tenu avant de renoncer, craignant de se mettre en danger dans les eaux du Pacifique. Deux jours après avoir officiellement abandonné, Sébastien Destremau s'est amarré à Christchurch en Nouvelle-Zélande. Dans une vidéo, il assure : « *On n'abandonne pas le Vendée Globe, on se retire.* »

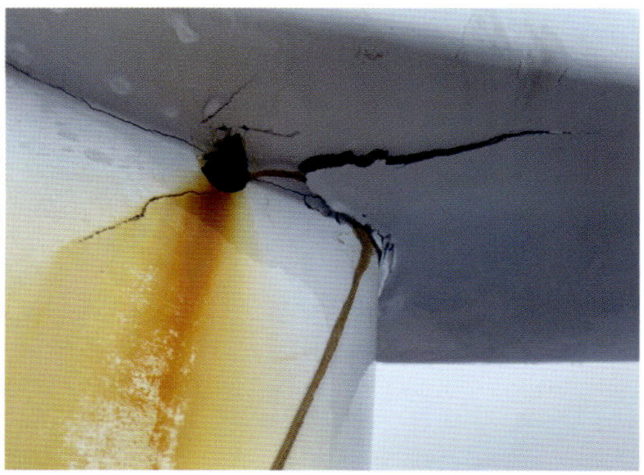

Une des avaries qui ont précipité la fin de la course de Sébastien Destremau (merci).

Dernier coucher de soleil à bord pour Sébastien Destremau (merci), il abandonnera quelques jours plus tard.

« ON N'ABANDONNE PAS LE VENDÉE GLOBE. ON SE RETIRE. »
SÉBASTIEN DESTREMAU

« Être à l'attaque au maximum. »
Louis Burton

Charlie Dalin (Apivia) pointe la direction des Sables d'Olonne, plus que quelques jours avant de retrouver la terre ferme.

Burton, le Pot-au-Noir clément et la bagarre intense

Du jeudi 15 au dimanche 17 janvier

Le Pot-au-Noir n'est jamais identique, jamais prévisible. Mais pour la tête de course, cela n'aura été qu'une formalité. « *J'ai été tout droit et ça s'est bien passé. Sur ce coup, j'ai eu de la chance et de la réussite* », s'amuse Louis Burton.

Le skipper de Bureau Vallée 2 a de quoi avoir le sourire : lui qui dit « *être à l'attaque au maximum* » prend même un temps les commandes de la course, devant Charlie Dalin. Mais les écarts sont définitivement trop peu conséquents pour tirer des conclusions. Les faibles distances au sein de la tête de course sont incroyables : ils sont neuf à franchir l'équateur en l'espace de 19 heures ! Dans une telle situation, la fatigue des hommes et des bateaux compte plus que tout. Yannick Bestaven fait partie de ceux qui souffrent. Il confie « *ne plus avoir de balcon ni d'enrouleur, et certaines de ses voiles ne peuvent plus servir* ». De son côté, privé de foil bâbord, Thomas Ruyant affirme « *être à cloche-pied* ». Quoi qu'il en soit, quinze jours avant l'arrivée, seulement 220 milles séparent les neuf premiers. Et la suite, dans les alizés, a des allures d'autoroute, au reaching, avec une vingtaine de nœuds. Après le contournement de l'anticyclone, le « *match* » est toujours aussi intense.

Trajectoire sans encombre pour Louis Burton (Bureau Vallée 2) qui fonce vers l'arrivée.

Jérémie Beyou (Charal)
est dans le groupe de tête,
tout peut encore se jouer.

Boris Herrmann (SeaExplorer - Yacht Club de Monaco) prend la décision d'aller vers l'est, un choix qu'il espère payant.

Deux options, un « money time »

Dimanche 24 janvier

Pour nourrir du suspense, il faut des péripéties, du mouvement, et la tête de course en offre à n'en plus finir. Après l'anticyclone, place à des choix forts : Yannick Bestaven, Thomas Ruyant et Giancarlo Pedote décident de mettre le cap au nord.

La route se rallonge, mais ils ont la garantie de « *toucher* » du vent plus fort lié à une dépression qui se forme depuis Terre-Neuve. Dans le même temps, le trio de tête, Charlie Dalin, Louis Burton et Boris Herrmann filent vers l'est et les côtes espagnoles. Cette route est plus courte, mais elle oblige à plus d'empannages.
Les heures filent, les fichiers météo sont étudiés à la loupe et la bagarre toujours intense. À la veille de l'arrivée, à moins de 300 milles des Sables d'Olonne, ils sont encore cinq à pouvoir l'emporter (Dalin, Herrmann, Burton, Ruyant, Bestaven).
Au PC Course, les journalistes commencent à affluer. C'est le temps des pronostics, des calculs et la certitude que la journée à venir, chargée de suspense, sera à part. Laura Le Goff, directrice générale de l'évènement, n'a de cesse de répéter : « *Il est urgent d'attendre.* »

Benjamin Dutreux (OMIA – Water Family) n'oublie pas sa crème solaire même en pleine dernière ligne droite.

Giancarlo Pedote (Prysmian Group) met, lui, cap au Nord, on saura quelques jours plus tard qui aura eu raison.

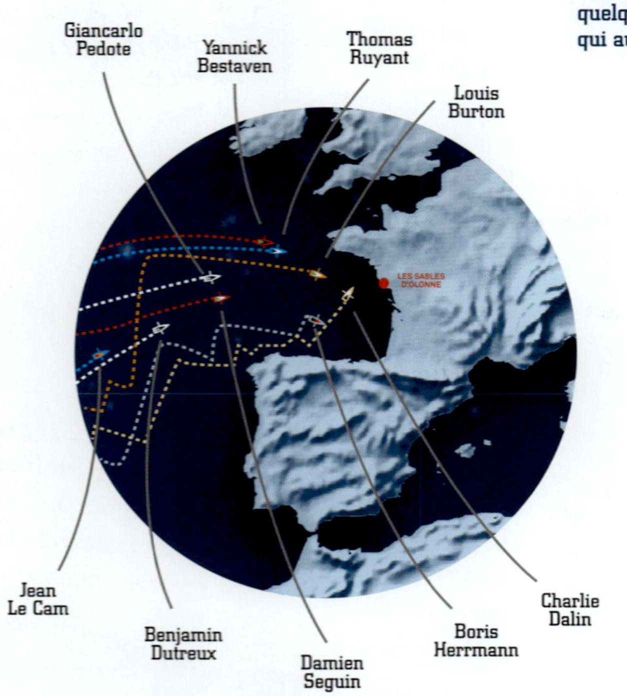

CONFIDENCES DU BORD

ROMAIN ATTANASIO
Mercredi 13 janvier

« Il y a eu presque 50 nœuds. Le bateau s'est couché, je suis sorti en catastrophe pour tout choquer et, en sortant, j'ai glissé sur un winch [il a été touché aux côtes, NDRL]. Je me suis assis, j'ai commencé à tomber dans les pommes et le front est passé à ce moment-là, heureusement. J'ai repris connaissance, j'essayais de respirer à fond et, à chaque fois, j'avais la tête qui tournait. Je suis rentré à l'intérieur, puis la brise est repassée au vent arrière et le bateau s'est remis à plat. Donc tout s'est calmé d'un coup et je me demandais ce que j'avais. C'était assez irréaliste comme scène. »

MANUEL COUSIN
Vendredi 8 janvier

« On a l'impression d'être dans un autre espace-temps. C'est à la fois majestueux, mais cela peut faire peur aussi par cette immensité d'eau. Je n'ai pas vu de terre depuis longtemps. Je ne me rappelle même plus la dernière terre que j'ai vue. Je crois bien que c'est Les Sables d'Olonne. On oublie, en fait, c'est tellement loin maintenant. »

ROMAIN ATTANASIO
Dimanche 10 janvier

« Ce que j'ai fait dans la pétole ? J'ai bouffé ! Ça craint, je n'arrête pas de bouffer, je vais prendre 10 kilos ! J'ai mis le holà sur les sucreries. Le Vendée Globe, c'est la seule course où tu es content de prendre de la pétole : tu bricoles, tu te reposes, tu respires. »

STEPHANE LE DIRAISON
Jeudi 7 janvier

« Je suis en mode machine. Je ne ressens ni le froid, ni la faim, ni la fatigue. Je fais ce que je dois faire, c'est-à-dire prendre un ris, choquer, comme un automate. Je me suis retrouvé complètement dans l'eau dans le cockpit recouvert subitement par une énorme vague. »

JÉRÉMIE BEYOU

Jeudi 14 janvier

« À mesure que je remonte la flotte, j'échange avec tous les gars et filles, et ils ont tous énormément de mérite. C'est sympa de discuter avec eux, de découvrir leurs problématiques, et tu te rends compte aussi que c'est plus simple de discuter avec les gens un peu plus derrière plutôt qu'avec les leaders qui ont parfois du mal à répondre. Ce n'est pas une critique, c'est juste que quand tu es devant, et je le sais, tu laisses peu d'informations sortir par rapport à la concurrence. Je découvre autre chose et, honnêtement, ce n'est pas pire du tout ! Quand je referai une régate et que je serai devant, j'y penserai. »

ALAN ROURA

Samedi 9 janvier

« À bord ça roule, bateau-boulot-dodo. »

CLÉMENT GIRAUD

Vendredi 15 janvier

« J'ai comme compagnon de route depuis hier matin un immense albatros que j'ai surnommé Rond-Blanc (c'est un juvénile pas complètement blanc et, du coup, très facilement reconnaissable) qui me suit et joue dans les perturbations que provoque le sillage de mes voiles. Il en profite comme un gamin au parc, dans des toboggans, si ça se trouve, il s'est fait toute la flotte ! »

MIRANDA MERRON

Vendredi 15 janvier

« Aux abords du cap Horn, il fait froid : je m'attendais à ce que ça se réchauffe, mais ce n'est pas le cas et quand je sors pour manœuvrer, si je n'ai pas de gants, j'ai les mains congelées ! Alors, quand je me fais un plat lyophilisé, je me réchauffe les doigts avant de manger… »

CONFIDENCES DU BORD

GIANCARLO PEDOTE

Dimanche 17 janvier

« J'ai découvert beaucoup de choses sur moi-même. J'ai compris qu'à terre, on a beaucoup de choses pour être heureux. Le fait de se confiner dans un bateau pendant une durée importante nous fera apprécier encore plus le retour à terre. Je sais très bien que la situation sanitaire actuelle n'est pas simple. Mais bon, je pense que ma vie est à terre ! Ma famille est à terre, et grâce à cette expérience, je pense que je pourrai profiter encore plus de chaque instant que je vais passer avec elle. Je serai plus dans l'instant présent. »

CHARLIE DALIN

Mercredi 20 janvier

« La nuit est belle, ventée et pleine d'étoiles ! De là où je veille, j'ai un hublot au-dessus et je peux voir les étoiles, comme quand j'étais petit sur le plafond de ma chambre ! C'est très beau. Je peux faire de beaux rêves… »

MANUEL COUSIN

Jeudi 21 janvier

« Je continue d'apprendre tous les jours. En bateau, plus on navigue, plus on apprend. Sur un Vendée Globe, on apprend aussi sur soi, sur tellement de choses ! Ça fait plus de deux mois qu'on est en mer, et je n'avais jamais passé plus d'un mois sur l'eau. On continue d'apprendre sur le bateau, même si maintenant on commence à bien se connaître ! On est seul face à soi-même, on se forge le caractère, on apprend à aller puiser des ressources qu'on ne soupçonnait pas. On va chercher au plus profond de soi-même, notamment par rapport à la fatigue. »

JEAN LE CAM

Lundi 25 janvier

« De la violence, on en a eu tellement sur ce Vendée Globe ! À l'arrivée, il y aura de l'air… On verra bien, on fera avec de toute façon ! Mais aux Sables, tu n'as pas beaucoup d'espace entre la ligne d'arrivée, la jetée et la plage. Je n'ai pas envie de finir mon Vendée Globe étalé sur la plage. Ça ferait les gros titres dans les journaux ! »

STEPHANE LE DIRAISON

Mardi 19 janvier

« Je me trouve au large de l'Uruguay, les conditions sont excellentes, le soleil illumine la journée et permet de sécher les vêtements détrempés par des semaines de navigation dans le grand Sud. Pourtant, une ombre ternit le tableau : j'ai croisé à plusieurs reprises des navires de pêche usines. Ces monstres des mers opèrent en flottilles et raflent tout ce qui vit sous la surface à grands coups de filets. Inutile de vous dire que l'ambiance n'avait pas l'air d'être propice à la sélection des espèces… Disons les choses : ces ogres des mers opèrent un véritable carnage, sans discernement, avec pour seul objectif de satisfaire la demande toujours croissante. »

PIP HARE

Lundi 25 janvier

« Je suis impressionnée par ce que les êtres humains sont capables d'endurer. J'ai hissé et largué des voiles parfois dix fois par jour, je les ai déplacées, je me suis pris des paquets de mer glacée, j'ai titubé sur le pont, j'ai rampé le long de la bôme, j'ai dormi parfois pendant quelques minutes seulement, j'ai mangé des repas en sachet, j'ai été malmenée par le froid… Nous sommes mentalement et physiquement capables de faire tellement plus que ce que nous croyons. »

ARMEL TRIPON

Lundi 25 janvier

« Je me suis toujours senti en symbiose avec mon bateau. Ce n'est pas un état second, c'est une plénitude. Le fait de vivre pleinement chaque instant de cette course a été quelque chose de très nouveau pour moi, et de très intense. Pourtant, ça n'a pas été la course que j'imaginais faire. Je suis satisfait de ce que j'ai pu vivre. Cette course, c'est une situation que j'ai acceptée, j'y ai trouvé mon compte et je suis super-content de la vivre comme ça. »

franceinfo

L'ARRIVÉE ET SES EFFUSIONS D'ÉMOTIONS

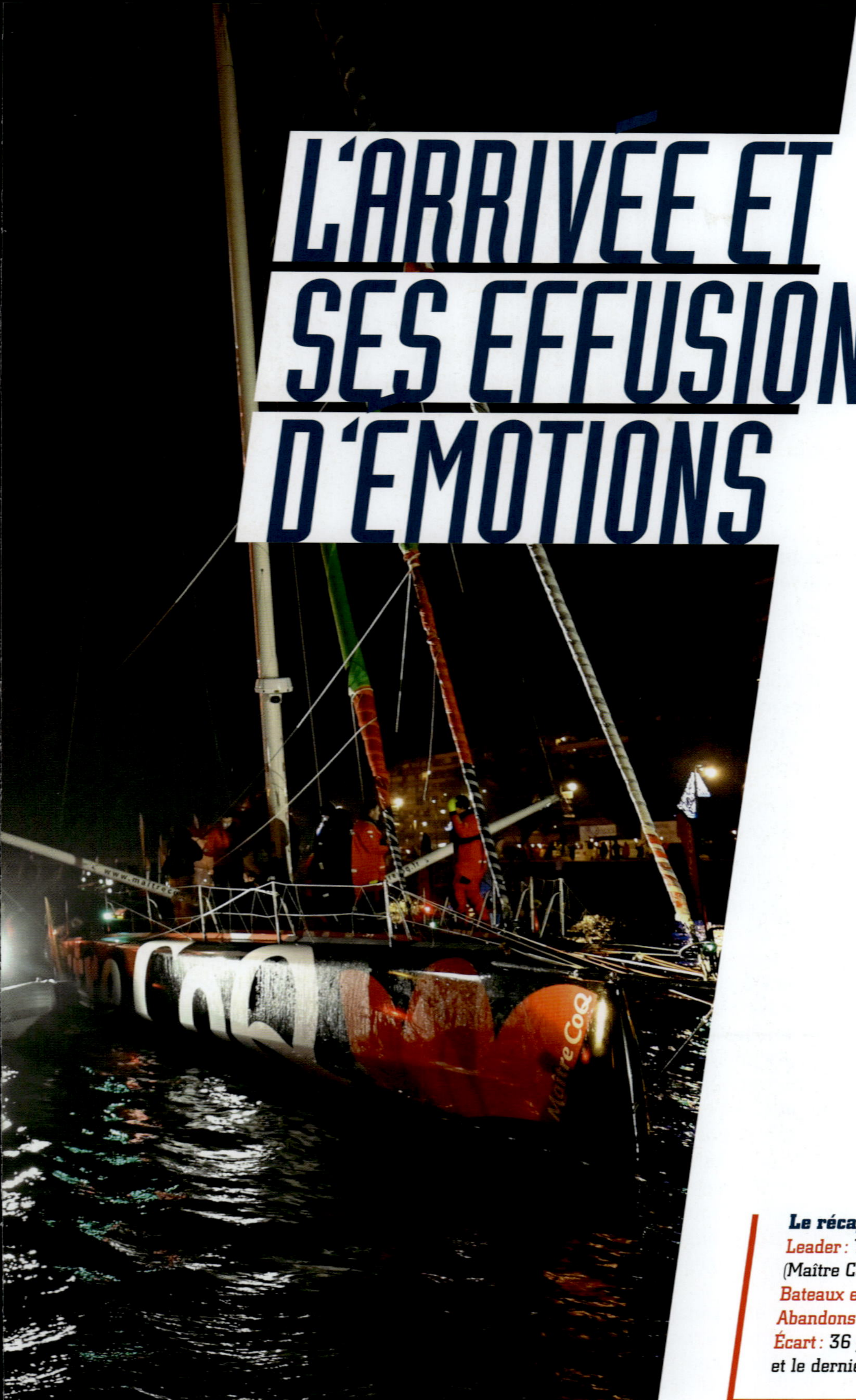

Le récap' à l'arrivée

Leader : Yannick Bestaven (Maître CoQ IV)

Bateaux en course : 26

Abandons : 8

Écart : 36 jours entre le 1er et le dernier skipper

LES 72 HEURES LES PLUS FOLLES

Les concurrents de cette neuvième édition ont fait valser le champ des possibles lors d'un final de rêve, disputé à des heures où personne n'avait vraiment envie de se coucher. Pour la première fois de l'histoire, dix marins ont bouclé le Vendée Globe en l'espace de trois jours. Quatre ans plus tôt, il avait fallu attendre trente-deux jours après le vainqueur, Armel Le Cléac'h, pour que le dixième, Arnaud Boissières, rentre au port ! En 2008-2009, l'attente avait duré quarante et un jours ! Dans un monde où tout s'accélère, les marins n'ont pas déçu, et ces nuits d'attente, de soulagement, d'émotions et de larmes en sont la meilleure illustration.

Mercredi 27, 9h30. « *Tout va se jouer aujourd'hui* »
Ultime journée, ultime bataille, ultime régate à en perdre la tête. Aux Sables d'Olonne, l'effervescence est déjà perceptible, les places sont rares en salle de presse. Au-dessus, au PC course, Christian Dumard, le météorologue du Vendée Globe, essaie une dernière fois d'expliquer le scénario du jour. « *Tout va se jouer aujourd'hui.* » Charlie Dalin progresse à 19 nœuds et remonte depuis le golfe de Gascogne. Il est celui qui avance le plus vite, avec Yannick Bestaven à 280 milles au nord-ouest. Les heures de compensation – pour Yannick Bestaven et Boris Herrmann – rendent tout classement impossible à tenir. Le suspense est à son paroxysme, encore une poignée d'heures.

19h30. Dalin, dernier empannage
Comme un symbole, Charlie Dalin réalise son dernier empannage pour mettre le cap sur Les Sables d'Olonne. Il ne lâche rien, jusqu'au bout, et file à 21 nœuds. L'ETA – l'heure estimée d'arrivée – s'affine. Au large, en pleine nuit, les premières images de l'étrave du bateau sont tournées. L'histoire est en marche.

19h50. « *Attention à l'arrivée du premier bateau* »
« *C'est vous, les lumières orange ?* » La voix de Charlie Dalin, à travers la VHF, est claire et ne laisse transparaître aucune émotion. Jacques Caraës, directeur de course, répond comme en écho : « *Attention à l'arrivée du premier bateau du Vendée Globe.* » Une minute plus tard, le skipper d'Apivia est le premier à franchir la ligne d'arrivée. Alors que son équipe monte à bord, le skipper a le visage hilare, un gamin qui savoure un moment de géant. Il marche sur le pont, salue les semi-rigides et ne peut se départir de son sourire. Il embrasse sa compagne, craque un fumigène et savoure.

«TOUT VA SE JOUER AUJOURD'HUI.»
CHRISTIAN DUMARD

20h35. Dalin :
« On arrive à faire l'impossible »
On peut être un homme extrêmement raisonné, passer des heures à bord à chercher en permanence la meilleure option, être cartésien et mathématique en toutes circonstances et se laisser guider à l'émotion. Après avoir longé le chenal en semi-rigide, sabré le champagne et enlacé ses proches – « *je suis fier de toi, mon fils* », crie son père –, Charlie Dalin a remonté le ponton qu'il avait descendu deux mois plus tôt. Son teint est frais, ses yeux brillants surélevés de quelques cernes. Face aux micros, le discours est rodé. Il parle d'une course « *magique* », assure qu'« *au final, on arrive à faire l'impossible* » et l'admet : « *Le Vendée Globe m'a changé, mais je ne sais pas de quelle manière.* »

20h50. Herrmann, le coup d'arrêt
Il était à 90 milles des côtes sablaises et faisait partie de ceux qui pouvaient encore croire – grâce à sa compensation de 6 heures – à la victoire finale. Mais en ce début de soirée, on apprend que SeaExplorer - Yacht Club de Monaco est entré en collision avec un bateau de pêche. Le choc est violent et les dégâts conséquents sur l'IMOCA : le balcon a cédé, le bout-dehors aussi, le foil tribord est endommagé et les voiles, qui se sont prises dans le chalutier, se sont déchirées. Le scénario est cruel, surtout pour un marin qui se réjouissait, deux jours plus tôt, d'avoir évité de peu une collision avec un cargo. À quelques heures de l'arrivée, Boris ne comprend pas « *comment son radar n'a pas vu le bateau* ». Il n'avance plus qu'à 6 nœuds et ses illusions se sont brutalement envolées.

Maître CoQ

Jeudi 28, 00h45.
Louis Burton, le rescapé de la «*remontada*»
C'est un rescapé qui est le deuxième à en finir. Louis Burton, lui qui a connu tant de problèmes techniques tout au long de cette édition, franchit la ligne 4 heures et 9 minutes après Charlie Dalin. Le skipper de Bureau Vallée 2 parle de «*course de dingue*», «*d'un rêve qui se réalise*» et du plaisir «*d'être en dehors de tout danger*». Son bateau? «*Il est complètement ruiné*», affirme-t-il. Jusqu'au bout, Louis Burton n'a pas été épargné. Pour la première fois, il confie avoir eu un incendie à bord qui a fait sauter tout son système électrique et que sa drisse de grand-voile a cédé à la sortie du Pot-au-Noir. Mais le malouin d'adoption a tenu bon. «*Je me suis toujours accroché parce que je pensais à mes enfants. Ils n'avaient vraiment pas envie que j'abandonne parce qu'ils devaient avoir peur que ça soit la honte à l'école!*» Il y avait un beau sourire sur le visage de Louis Burton (classé troisième au classement final), une fin heureuse à une aventure décidément périlleuse.

4h19. La fin du suspense
La mer est formée, le vent a gagné un peu en intensité. Et un troisième bateau franchit la ligne, Maître CoQ IV. Yannick Bestaven en termine 7 heures 43 minutes après Charlie Dalin. Au jeu des compensations, il est le nouveau vainqueur du Vendée Globe, le plus âgé (quarante-huit ans) et, ce matin-là, assurément le plus heureux. Lui qui avait montré des traits marqués, des cheveux en bataille et des yeux creusés par les cernes quand il disait «*vivre comme un sanglier*», en décembre dernier, a désormais un visage lumineux. À son arrivée, les conditions sont

trop difficiles pour recueillir ses premiers mots. Il faut attendre la remontée du chenal, le feu d'artifice, les fumigènes et le brouhaha pour s'en rendre compte, palper l'atmosphère qui accompagne un vainqueur. « *J'ai l'impression de vivre un rêve, d'halluciner* », confie-t-il après avoir enlacé ses deux filles.

5h35. Bestaven, les premières heures du reste de sa vie

Yannick Bestaven s'amarre sur le ponton du Vendée Globe. Il n'arrive pas à se départir de son sourire, lève les bras, salue un à un ses proches qui sont venus l'acclamer. Il sabre une bouteille de champagne, est soulevé par les membres de son équipe, prévient sa mère qui tente de monter à bord : « *Ne va pas faire de bêtise, maman, j'ai réussi à ramener le bateau à bon port.* » Et puis, Charlie Dalin est là. Les deux hommes se congratulent. « *Il y a deux vainqueurs sur ce Vendée Globe* », lui dit le skipper de Maître CoQ IV. Un peu plus tard, « Besta » et Charlie se retrouvent face aux caméras. Le premier a le trophée en main et le tend au second : « *Dans quatre ans, ce sera le tien.* » Yannick Bestaven a tous les codes de la convivialité et de la chaleur humaine des hommes de mer. C'est une personnalité honnête, simple, qui balaie les polémiques. Il a affronté tant d'épreuves depuis son premier Vendée Globe en 2008, quand un démâtage quelques heures après le départ avait réduit ses espoirs à néant.
Il a fallu s'accrocher douze ans, reconstruire, bénéficier de la confiance d'un sponsor – Maître CoQ – et d'un sacré sens marin pour s'imposer. À la fin de la course, « *je n'avais rien à perdre* », dit-il pour expliquer son option décisive, aller au nord quand le trio de tête file vers l'est. De ces premières heures du reste de sa vie, Yannick Bestaven

n'a pas versé de larmes. Le bonheur était trop grand, le plaisir aussi. « *Le seul truc dont j'ai envie, c'est de boire un coup avec mes potes qui sont là* », assure le vainqueur en conférence de presse. Le lendemain, un journal lui offre sa une : « The Bestaven ».

9h48. Ruyant au bord des larmes
Au détour d'une phrase à la fin de sa conférence de presse, Thomas Ruyant – quatrième sur la ligne d'arrivée, sixième du classement – a les yeux de plus en plus embués. « *Je suis très fier d'être tourdumondiste, d'avoir passé le cap Horn pour la première fois…* » Il fait une pause, contient ses larmes et revient sur ce projet de trois ans qu'il a débuté seul avant de trouver avec Advens un partenaire capable d'associer projet sportif et solidaire auprès de LinkedOut (trente emplois sauvés pendant sa course). Thomas Ruyant est le quatrième skipper à avoir franchi la ligne après avoir passé les deux tiers de la course dans le trio de tête. Lui qui a dû composer avec un foil cassé avant même de franchir le cap de Bonne-Espérance a dû finir la course avec une avarie de bout-dehors, à 40 milles de l'arrivée. Lui aussi a tenu bon, peut citer Michel Desjoyeaux et ses « *un jour, une emmerde* » s'amuse d'avoir autant apprécié « *un croissant et un jus de pomme* », et garantit, comme une promesse d'avenir, que « *son histoire avec le Vendée Globe n'est pas finie* ».

14h40. Seguin, Hermann, Pedote, au bout de l'envie
Il y a un air de fin de transatlantique sur les pontons. Certes, le ciel est gris mais trois hommes en finissent quasiment en même temps : Boris Herrmann (cinquième), l'avarie de la veille remplacée par une joie

intense, Damien Seguin (sixième sur la ligne, septième du classement), déguisement de Capitaine Crochet pour remonter le chenal et premier bateau à dérives droites avant l'Italien Giancarlo Pedote (septième sur la ligne, huitième au classement) qui célèbre le passage de la ligne comme un but de la Nazionale. Ces trois-là ont sabré le champagne à quelques minutes d'intervalle, puis se sont tombés dans les bras, se sont félicités, se sont applaudis. L'air est léger, les deux enfants de Damien Seguin sont eux aussi déguisés en pirates, Giancarlo Pedote se fait un point d'honneur à amarrer le bateau lui-même et le chien de Boris Herrmann gémit de ne pas pouvoir monter sur l'IMOCA avant de parvenir à ses fins… Face aux questions des journalistes, Boris Herrmann, pull à col roulé, tout droit sorti du dressing d'un chalet, s'exprime intégralement en français, lui, le premier Allemand à avoir bouclé le Vendée Globe. La course lui a « *appris la confiance dans les gens et dans le bateau* » et la solitude restera « *ce qui était le plus dur* ». Damien Seguin, lui, parle d'abnégation : « *Il y a des moments où ce n'est pas simple. On n'est pas sur un terrain de foot, on n'a pas possibilité de rentrer au vestiaire, la seule solution qui s'offre à nous lorsqu'on a un souci, c'est de l'affronter et de continuer.* » Pour le skipper de Groupe APICIL, « *il n'y a que des vainqueurs au Vendée Globe.* » Giancarlo Pedote se présente ensuite face aux journalistes, et ses mots sont beaux aussi : « *À terre, on se sort parfois des difficultés trop facilement. Mais au large, tu ne peux pas partir, tu dois trouver une solution. La mer, elle t'offre l'occasion de grandir.* » L'Italien est un compétiteur, aussi : « *Même quand je fais des pâtes, je me demande toujours comment je peux mieux faire.* »

Vendredi 29 janvier, 20h20.
Le roi Jean et Audiard

Il fallait bien ça. Une fête débridée au bout de la nuit, des décibels qui montent au son de Johnny Hallyday et de Zaz, un feu d'artifice au loin et un « roi » de retour en ville. Jean Le Cam est le huitième à en finir et est reclassé au quatrième rang.
À soixante-et-un ans. Il réussit sa deuxième meilleure prestation en cinq participations (deuxième en 2004), mais a gagné bien plus. Jean est resté Le Cam, mais la France l'est devenue aussi, pour sa franchise, sa gouaille, son aversion pour les conventions, sa sincérité aussi. Dans une société qui a oublié l'autodérision, sa spontanéité ravit. Jean est devenu une figure pop, ravivant les expressions un poil surannées et faisant preuve toujours d'une humanité confondante. Le sauvetage de Kevin Escoffier est encore dans toutes les têtes, tout comme les trajectoires limpides du roi Jean. « *Papy fait de la résistance* », s'amusait Jean, qui n'a jamais manqué de beurre ni d'idées pour tirer le meilleur de son bateau à dérives droites de 2007, surnommé Hubert. Après avoir franchi la ligne, le skipper de Yes We Cam ! a dégusté quelques verres de vin avec son équipe qui ne sont que des amis. Et puis, il a savouré le spectacle, les embrassades avec Escoffier, la couronne qu'on lui a donnée. Jean est rasé de près, mais ses yeux sont si brillants qu'on y décèle le feu de l'émotion, la joie des retrouvailles et tout ce qui est si difficile à décrire. Pourtant, le marin s'y essaie avec talent face aux micros : « *Tu sens cette âme, cette sincérité. Ça, c'est beau, tu ne peux pas l'avoir dans d'autres situations.* » En conférence de presse, le marin a des expressions à la Audiard. Sur la place de quatrième, la « place du con » : « *J'ai soulagé le con qui aurait pu être à ma place.* » La salle rit autant qu'elle admire, France Inter débutera son journal le plus écouté, le lendemain matin, avec cette phrase du roi Jean. Le marin a raconté aussi comment

il a fait face, seul, aux difficultés et à la souffrance. « *Je suis allé au bout du bout du bout.* » Flou sur son avenir, il l'est moins sur sa vision de la course, qu'il espère « *encore accessible aux PME et aux jeunes skippers* » et ne cache pas son admiration pour deux de ses compagnons de route, Damien Seguin et Benjamin Dutreux. « *Nous, c'est le vieux con, l'handicapé et le branleur.* » Jean se transforme en gardien du phare, en étendard de valeurs quand tout vole, surtout les foilers. Il est 3h45 aux Sables d'Olonne, le « roi Jean » tire sa révérence publique avant de retrouver ses proches et savourer encore un peu plus une nuit colorée, agitée, festive et chargée d'émotions. Une nuit qui lui ressemble tant.

10h05. Dutreux, le Robinson

Il a une barbe fournie, un sourire jovial et des cernes creusés. Dans sa main, Flaggy, ce personnage de bois qui renferme en son cœur un échantillon d'eau du mont Blanc. On dirait Robinson Crusoé et Vendredi. Il y a un peu de ça chez Benjamin Dutreux, neuvième à franchir la ligne. Le trentenaire si talentueux qui a cru en son étoile malgré les difficultés et le retrait de son partenaire. Pour se battre, le trentenaire peut compter sur son association, Water Family, et sa petite équipe, des jeunes comme lui qui n'ont pas peur de ne pas compter leurs heures. Son bateau avait été mis à l'eau en 2007, mais ses talents de régatier lui permettent d'être dans le premier groupe dès le début de course. On peut ressembler à Robinson Crusoé et être un sacré compétiteur. Benjamin Dutreux le confirme en conférence de presse : « *Avec le bateau, on s'est surpassés du début jusqu'à la fin. On a donné le meilleur de nous-mêmes... Je voulais rendre une belle copie. Je ne suis jamais passé par la case aventurier. Ce qui me motive, c'est la compétition.* »

Samedi 30 janvier, 4h50. Maxime Sorel, les joies d'une première

C'est peut-être ça qui le caractérise le mieux : un sourire pour rehausser ses pommettes rougies par l'effort et les deux mains jointes, formant un cœur. La scène a lieu dans la salle où sont données les conférences de presse. Maxime Sorel (dixième à l'arrivée) porte une chemise blanche, et la mèche a retrouvé sa place toute citadine. Le natif de Saint-Malo a réussi bien des exploits. Celui d'embarquer dans son aventure un département qui ne dispose d'aucun accès la mer (la Mayenne), celui d'avoir pointé en tête à neuf reprises avec son bateau à dérives droites, celui d'avoir mené cet IMOCA au bout de sa mission, faire le tour du monde, ce que Kito de Pavant (Groupe Bel en 2008) et Thomas Ruyant (Le Souffle du Nord, 2016) n'étaient pas parvenus à faire à son bord dans un Vendée Globe. Pourtant, Maxime a tremblé comme ces trois derniers jours, 72 heures de rush pour arriver avant la dépression violente qui balayait la Vendée et ne pas vraiment penser à ce retour sur terre.
Il voulait terminer, il y est parvenu, et lui viennent en tête tous ces moments de stress, les surfs à 29,7 nœuds, les rafales à 55 nœuds, la peur d'un scénario à la PRB... Lui qui aime « *vivre à cent à l'heure* » a aussi appris des bienfaits de l'introspection, ce qu'il appelle affectueusement le « *quatrième cap* ». Le skipper confie avoir perdu du poids, « *ne plus avoir de mollets* » et il veut plus, donne rendez-vous pour 2024 et rêve d'un bateau à foil. Son tour du monde lui a donné des ailes.

Armel Tripon, le jazz et la sérénité

Lundi 1er février à 7h27

Temps de course : 84 jours, 14 heures, 30 minutes

La semaine a débuté aux Sables d'Olonne dans la nuit, le vent puissant mêlé aux embruns. Le rayon de soleil est venu de notes de jazz, celles d'Ibrahim Maalouf (*Étincelles*) dont les basses crachaient la virtuosité au bout du chenal.

Là, L'Occitane en Provence a débarqué avec un homme épanoui : Armel Tripon, onzième de ce Vendée Globe. Heureux qui, comme un skipper, a fait un beau voyage. Armel Tripon a connu les désillusions du début, le hook cassé, le demi-tour aux larges des côtes espagnoles. Reparti en queue de peloton, il s'est évertué à remonter la flotte, a offert la plus belle trajectoire dans les mers du Sud pour finir onzième et montrer que les foilers ont du bon. Le sourire du père de trois enfants, dont un ne peut s'empêcher de le suivre à chacun de ses premiers pas sur terre, est éblouissant, malgré la fatigue et le manque de sommeil dû à une ultime dépression sur sa trajectoire. Armel Tripon est un compétiteur, un iconoclaste, mais aussi un incroyable conteur. Nouvelle illustration en conférence de presse : «*On a aussi le temps d'apprécier les choses, l'univers qui nous entoure, cette nature sauvage est brute.*»
Il dit que cette course est «*unique*», que le «*niveau d'engagement est dingue*». On se plaît à penser qu'il n'en a pas vraiment fini avec cette course-là. Alors que le jour s'est levé aux Sables d'Olonne, le titre d'Ibrahim Maalouf n'émet plus. Et les mots d'Armel Tripon manquent déjà.

<<LE NIVEAU D'ENGAGEMENT EST DINGUE.>>
ARMEL TRIPON

Clarisse Crémer, vague d'enthousiasme

Mercredi 3 février, à 15h44

Temps de course : 87 jours, 2 heures, 24 minutes, 25 secondes

Il y avait des airs de monde d'avant cet après-midi-là aux Sables d'Olonne. Pour cette arrivée sous le soleil, des centaines de personnes s'étaient amassées calmement sur le chenal, les gendarmes avaient fini par les laisser passer et eux-mêmes ne pouvaient pas s'empêcher de regarder derrière.

Car, à quelques mètres de là, un bateau blanc et bleu siglé Banque Populaire X revenait au port. Le tenant du titre, roc des océans et dur au mal, avait fondu en larmes. Quatre ans plus tard, l'entreprise a voulu écrire une nouvelle histoire et accompagner une jeune skipper. Ce sera une navigatrice, une trentenaire qui a découvert la course au large cinq ans avant et n'a eu que deux ans pour se former à l'IMOCA. Clarisse Crémer a relevé le challenge, souffert de ne pas avoir pu accrocher d'entrée de jeu le premier wagon, mais tenu bon jusqu'au bout. Clarisse exulte sur le pont, elle sautille, salue la foule, ne sait plus où donner de la tête. Elle ne peut se départir de son sourire, cherche ses mots, savoure. Elle est la première femme à franchir la ligne de ce Vendée Globe, la plus rapide autour du monde en solitaire et en monocoque. « *Un grand bravo pour ton tour exceptionnel* », salue la précédente détentrice du record (94 jours et 4 heures), une certaine Ellen MacArthur.

« UN GRAND BRAVO POUR TON TOUR EXCEPTIONNEL. »
ELLEN MACARTHUR

Jérémie Beyou, la fin d'un si long voyage

Samedi 6 février, à 9h15

Temps de course : 13e en 89 jours, 18 heures, 55 minutes

Sa remontée du chenal, Jérémie Beyou avait rêvé de la vivre comme un vainqueur du Vendée Globe. Il s'y était préparé, avait construit un bateau pour y parvenir, remporté la Fastnet Race en 2019, la Vendée-Arctique-Les Sables en 2020 et s'affichait ainsi comme l'un des favoris de cette édition.

Les aléas en ont décidé autrement, une bastaque tribord cassée et un safran endommagé l'ont obligé à revenir aux Sables d'Olonne, puis à repartir. Jérémie passera un mois seul avant de revenir sur la flotte et dépasser un à un les concurrents jusqu'à terminer treizième. Malgré la désillusion et le poids des doutes, le skipper de Charal a appris à connaître ceux qui bataillent à l'arrière de la flotte. Chaque fois qu'il dépassait un skipper, il discutait avec lui à la VHF. Pip Hare, Manuel Cousin, Alan Roura, Romain Attanasio… Tous ont pu apprendre à connaître Jérémie Beyou. « *Ça me paraissait improbable de faire une course sans avoir aucune chance de gagner,* confie-t-il. *J'ai découvert pourtant qu'on pouvait jouer, pas pour la victoire mais pour aller au bout de son projet, de ses idées, de ses convictions et pour aller au bout de soi-même.* » En conférence de presse, le visage réfléchi et le propos extrêmement lucide, Jérémie évoque déjà la suite, les prochaines courses, la stratégie de l'équipe… L'envie de revenir au Vendée Globe, dans quatre ans, est déjà tenace. « *Je ne sais pas si j'y serai, mais j'en ai très envie. Et avoir envie, c'est déjà un bon début !* »

« ÇA ME PARAISSAIT IMPROBABLE DE FAIRE UNE COURSE SANS AVOIR AUCUNE CHANCE DE GAGNER. »
JÉRÉMIE BEYOU

Romain Attanasio et Ruben, la gloire de mon père

Samedi 6 février, à 17h06

Temps de course : 14e en 90 jours, 2 heures, 46 minutes

Romain Attanasio a franchi la ligne en fin de journée, le soleil se couchait, le ciel était dégagé et donnait à l'ensemble de l'image des airs d'arrivée aux Antilles.

À quelques mètres de là, Ruben, son fils de neuf ans, exulte. « *Salut papa !* », crie-t-il dans le semi-rigide Highfield avant de monter à bord et de se jeter dans ses bras. On se demande lequel des deux a le plus grand sourire.
Son père boucle son deuxième tour du monde consécutif en quatre-vingt-dix jours avec la légèreté et le sens de l'humour qui le caractérisent. Le skipper de PURE-Best Western® n'est pas vraiment du genre à se plaindre, même après des problèmes de système de barre, de hook de J2, de drisse cassée, une montée au mât périlleuse, une côte cassée et 48 heures à galérer dans le Pot-au-Noir… « *Raconter ce que je vivais avec humour, ça me permettait de couper un peu du stress qu'on ressent dans les situations difficiles* », confie-t-il en conférence de presse. Au premier rang, il y a Ruben. Il lève la main, s'improvise journaliste. « *C'est vrai que tu as dit à la maîtresse de monter au mât ?* » Fou rire dans l'assistance. Romain Attanasio, lui, fait désormais partie de ceux qui ont deux Vendée Globe au compteur. Et c'est redevenu un père avec un enthousiasme tout aussi intact.

Arnaud Boissières et Kojiro Shiraishi, deux arrivées pour l'histoire

Jeudi 11 février, à 8h56 et 11h52

Temps de course : 15e en 94 jours, 18 heures, 36 minutes et 16e en 94 jours, 21 heures, 32 minutes

Avec Alan Roura, Stéphane Le Diraison et Pip Hare, ils se sont disputé un « mach-race », un dernier regroupement et une ultime bagarre dans tout l'Atlantique Nord. Et les deux à en sortir vainqueurs, ce sont Arnaud Boissières, surnommé « Cali », et Kojiro Shiraishi.

Ils ont remonté le chenal ensemble et incarnent à eux seuls l'ADN du Vendée Globe. D'un côté, un Sablais d'adoption, soutenu par des entreprises vendéennes et fierté du coin. De l'autre, un skipper né à plus de neuf mille huit cents kilomètres de là, au Japon. Le premier réaffirme l'importance de l'implantation locale et la fierté qui animent les Sablais tous les quatre ans. Le second goûte à la popularité au Japon au point que deux chaînes de télévision ont dépêché des hélicoptères pour retransmettre l'arrivée. Les deux symbolisent ainsi un événement qui se moque des frontières et qui séduit autant des PME locales (La Mie Câline - Artisans Artipôle) que des groupes multinationaux (DMG MORI Global One). Pour les accueillir, Benjamin Dutreux, Jean Le Cam, Roland Jourdain, Jean-Luc Van den Heede et le vainqueur, Yannick Bestaven, ami d'Arnaud Boissières depuis l'adolescence à Arcachon. « *J'ai l'impression qu'une partie de moi a gagné le Vendée Globe* », sourit « Cali » qui contient ses larmes. Bestaven le reprend : « *Je n'ai pas versé une larme à l'arrivée et, là, tu vas me faire chialer. Tu m'as donné la force de remonter un projet, tu as su me guider.* »

À sa manière, « Cali » a marqué l'histoire : il est le premier à terminer quatre fois la course, soit seize ans de passion et d'envie du large. « *Chacun a son histoire avec le Vendée Globe. Moi, c'est ma vie.* » Kojiro Shiraishi, lui, est devenu le premier Japonais et le premier Asiatique à finir le Vendée Globe. Pourtant, il a dû subir une opération de chirurgie cardiaque un an avant le départ et a fait quasiment tout le parcours avec une grand-voile déchirée.

Alan Roura-Stéphane Le Diraison, côte à côte jusqu'au bout

Jeudi 11 février, à 20h29 et à 22h36

Temps de course : 17e en 95 jours, 5 heures, 9 minutes et 18e en 95 jours, 8 heures et 16 minutes

En 2018, à la Route du Rhum, Alan Roura et Stéphane Le Diraison, alors treizième et quatorzième, n'avaient été séparés que de 4 minutes et 43 secondes. Deux ans plus tard, les deux skippers de La Fabrique et de Time For Oceans étaient bord à bord lors de la dernière semaine de course au point de finir avec 2 heures et 6 minutes d'écart.

« *On a les mêmes bateaux, le même niveau de fatigue et nos décisions convergent* », explique Stéphane Le Diraison. « *On navigue un peu de la même manière* », ajoute Alan Roura. Les deux n'ont pas été épargnés pendant leur tour du monde : une voile déchirée, des vérins de quille qui fuient, un gréement détendu et un hook abîmé pour le Français, une fuite d'huile, une quille qui fait des siennes pour le Suisse. « *Le Vendée Globe, c'est les montagnes russes* », raconte Stéphane Le Diraison qui s'est « *surpris d'avoir une force physique et mentale* » qu'il ne soupçonnait pas. Alan Roura ne dit pas autre chose : « *Je vis ce Vendée Globe comme un test. J'ai appris à naviguer différemment, d'une façon que je ne connaissais pas.* » Leur source de motivation vient aussi de leurs enfants, la petite fille d'Alan Roura, seulement âgée de quelques mois et qu'il a prise dans les bras dès la ligne franchie, et les trois enfants de Stéphane Le Diraison. À l'unisson, les deux rêvent déjà de repartir et de poursuivre leur histoire avec cette course de rêve.

Pip Hare, « Madame Courage »

Vendredi 12 février, à 01h57

Temps de course : 19e en 95 jours, 11 heures, 37 minutes

Pip Hare est déjà arrivée depuis une poignée d'heures. Elle a conservé sa tenue de navigatrice, ses cernes creusent son visage et ses pommettes sont encore rouges. À proximité de la direction de course, dans une petite salle, son équipe et une poignée d'amis sont là, au cœur de la nuit, pour fêter ça.

Benjamin Dutreux fait partie de l'assistance, Jean Le Cam aussi. Le « roi Jean » la serre longuement dans les bras, ils esquissent des pas de danse. Jean est aidé pour qu'on traduise ses mots en anglais, mais les regards qu'il échange avec la navigatrice britannique disent tout de son admiration. Pip, quarante-sept ans, c'est l'histoire d'une navigatrice dont le courage a ému le reste de la flotte et au-delà. À bord de l'un des plus vieux bateaux de la flotte (2000), elle s'est accrochée, réussissant l'exploit de réparer une avarie de safran. Ses mots qu'elle avait écrits alors ont une portée universelle : « *Cette course met au défi chaque aspect de ce que signifie être un être humain. À tous les niveaux, nous sommes obligés de réaliser des choses extraordinaires.* » Pip rêve en grand : « *On peut toujours donner davantage, faire plus, et il y a une petite voix au fond de moi qui me dit d'aller plus loin.* » Une certitude : Pip Hare fait bien partie de la grande famille du Vendée Globe.

<< CETTE COURSE MET AU DÉFI CHAQUE ASPECT DE CE QUE SIGNIFIE ÊTRE UN ÊTRE HUMAIN. >>
PIP HARE

Didac Costa, un soldat du feu heureux

Samedi 13 février, à 20h47

Temps de course : 20e en 97 jours, 5 heures, 27 minutes

Il est arrivé en pleine nuit à bord d'un bateau qui avait terminé deuxième vingt ans plus tôt, grâce à Ellen MacArthur. L'Espagnol Didac Costa a ensuite passé la nuit au mouillage sur un corps-mort, devant la cité vendéenne.

Au petit matin, sous un ciel bleu et dégagé, le skipper de One Planet One Ocean a pu profiter de sa remontée du chenal, à coups de fumigènes, de jets d'eau et de sirènes. Il a en effet été chaleureusement salué par ses pairs, les pompiers des Sables d'Olonne, lui qui est également soldat du feu quand il ne traverse pas les océans. Didac a ainsi bouclé son troisième tour du monde, après la Barcelona World Race en 2015 (quatrième avec Aleix Gelabert) et un premier Vendée Globe l'année suivante (quatorzième). Et à quarante-deux ans, il a réussi à terminer dix jours plus tôt que lors de sa précédente participation. « *Heureusement, car c'est une course épuisante. C'était dur jusqu'à la fin, mais j'ai eu dix jours de moins de fatigue* », sourit-il. Didac devient ainsi l'un des marins espagnols les plus performants de l'histoire et conserve une place à part dans le cœur des soldats du feu.

« C'ÉTAIT DUR JUSQU'À LA FIN. MAIS J'AI EU DIX JOURS DE MOINS DE FATIGUE. »
DIDAC COSTA

Clément Giraud, le retour d'un sourire

Mardi 16 février à 10h28

Temps de course : 21e en 99 jours, 20 heures, 8 minutes

Clément Giraud, c'est un sourire, une voix, une attitude à vous égayer les débuts de journées embrumées. En conférence de presse, il s'en amuse : « *Quel intérêt de montrer les moments linéaires où j'avais l'impression d'être un conducteur de bus ?* »

Alors, il se plaît à inventer « l'Atlantic Reaching Cup » dans la remontée jusqu'aux Sables d'Olonne, une compétition entre Miranda Merron, Damien Cousin et lui-même. Clément Giraud a aussi fait une vidéo où il donne l'impression d'être deux à bord – « *Clément, tu te bouges ?* » –, il a détaillé ses repas, fait apprendre quelques subtilités de créole et détaillé avec passion son aventure. Derrière la bonne humeur, il y a un très bon marin qui a su croire en son étoile, même lorsqu'un incendie a ravagé son IMOCA à la Transat Jacques Vabre un an plus tôt. L'entraide et la dévotion d'Erik Nigon, qui lui a prêté son bateau, est une belle illustration de la solidarité des hommes de mer. Au large, Clément a résisté aux « vagues qui étaient des murs », à « *la fureur de l'anticyclone* » et à une ultime dépression « *énorme qui n'offrait aucune échappatoire* ». À la fin de tout ça, il y a une « *certaine fierté* », un bateau arrivé à bon port, un avenir flou sur une possible deuxième participation – « *l'aventure a été tellement incroyable que je me demande encore ce je pourrais aller chercher* » – et surtout un plaisir immense. « *Je me suis régalé jusqu'au bout.* » Ça tombe bien, nous aussi.

« JE ME SUIS RÉGALÉ JUSQU'AU BOUT. »
CLÉMENT GIRAUD

Miranda Merron, « en pleine liberté »

Mercredi 17 février à 23h16

Temps de course : 22e en 101 jours, 08 heures, 56 minutes

Elle avait choisi le titre « Feeling good » de Nina Simone pour accompagner son arrivée, sur les pontons et sur la scène. Miranda Merron a cinquante et un ans, une force de caractère qui l'avait fait quitter une carrière toute tracée dans la publicité et une envie intarissable de large, cultivée avec son compagnon, Halvard Mabire.

Ce projet autour du monde, ils l'ont monté ensemble. Miranda s'est montrée à la hauteur en étant fidèle à ce qu'elle est : entière, investie, éclairée. L'expérience de la vie est précieuse pour décrire l'océan, mais surtout pour en profiter, en pleine conscience. Une poignée de jours avant l'arrivée, elle expliquait : « *Ici, je suis en pleine liberté, je suis responsable de moi-même, personne ne me dit quoi faire, je n'ai pas de règles à suivre. C'est une liberté de vie qu'on trouve rarement et il faut profiter de ça.* » Elle en a profité un peu plus de cent un jours avant d'allumer des feux de Bengale en fin de soirée. Miranda Merron est la troisième femme à franchir la ligne, la neuvième de l'histoire à finir le Vendée Globe et la cinquième Britannique à y parvenir. Et cette circonvolution lui a donné quelques habitudes : « *Tous les vendredis, j'avais rendez-vous à 18h avec Sam Davies pour l'heure de la bière. Je n'avais pas de bière à bord, donc c'était du thé pour moi. Et ce vendredi, par solidarité pour Sam qui est encore en mer, je serai connectée comme d'habitude.* » La solidarité entre femmes et hommes de mer se poursuit, même à terre.

> « ICI, JE SUIS EN PLEINE LIBERTÉ, JE SUIS RESPONSABLE DE MOI-MÊME. »
> MIRANDA MERRON

Manuel Cousin, membre de la « famille »

Samedi 20 février à 8h35

Temps de course : 23e en 103 jours, 18 heures, 15 minutes

Le décor était majestueux. Un lever de soleil, qui dissipait la brume et offrait des teintes orangées sur la mer agitée, pour servir de décor à Groupe SÉTIN et à son skipper Manuel Cousin. Il a les traits tirés, les cernes ronds creusés qui rétrécissent le regard.

Mais il y a un sourire et un enthousiasme, aussi, à franchir la ligne, à entendre « *il l'a fait* » depuis un bateau suiveur et à voir les nombreux badauds qui se sont massés autour du chenal pour l'accueillir.
Ce moment-là, c'est le point d'orgue d'une vie de passion après une vingtaine d'années dans l'industrie automobile et une reconversion sur le tard, direction le large toute, avec Éric Sétin, à la tête de l'entreprise éponyme, comme fidèle compagnon de route. Pendant son tour du monde, il a fallu s'adapter aux semaines harassantes dans les mers du Sud, à bricoler une fissure sur le safran bâbord, à maintenir l'usage d'un pilote automatique ou à stabiliser puis réparer pendant 48 heures une tige de vérin de quille. Trembler, s'employer, réparer, s'activer encore, avancer toujours : il en a fallu du courage pour y croire, pour aller au bout, pour s'offrir le luxe d'une arrivée au plus connu des tours du monde en solitaire. « *J'étais parti pour une course et ça finit en aventure* », confie-t-il. Désormais, il peut savourer et confier sa fierté de « *faire partie de la famille* » du Vendée Globe.

> « J'ÉTAIS PARTI POUR UNE COURSE ET ÇA FINIT EN AVENTURE. »
> MANUEL COUSIN

« S'être relevée, d'être repartie et d'être allée au bout de moi-même. »
Isabelle Joschke

Isabelle Joschke et Sam Davies, au bout d'elles-mêmes

Mercredi 24 et jeudi 25 février

Elles ont toutes les deux connu les larmes qui montent, le doute qui ronge et l'abattement qui affleure. Sam Davies et Isabelle Joschke, qui pouvaient toutes les deux prétendre à un « top 10 » ont dû renoncer, la première au large de l'Afrique du Sud (choc avec un OFNI), la seconde du Brésil (problème de vérin de quille).

Et puis, elles ont décidé de repartir, d'aller au bout coûte que coûte. Aux Sables d'Olonne, on se moque bien du classement, pourvu que les héros reviennent. Ces héroïnes-là, par leur combat et leur ténacité, méritaient bien d'être saluées, respectivement cent huit jours (Isabelle Joschke) et cent neuf jours (Sam Davies) après leur départ. Tout était réuni pour que la fête soit belle : un ciel bleuté tout printanier, une houle conséquente pour Isabelle, des banderoles pour Sam, et surtout des dizaines et des dizaines de badauds amassés jusqu'au port, comme un air de normalité quand rien ne l'est.

Derrière les sourires et le plaisir de l'instant, il y a des mots qui marquent. Le bonheur intense de Sam après le Vendée Globe – « *où j'ai traversé le plus d'émotions* » – et celui d'Isabelle, si heureuse de « *s'être relevée, d'être repartie et d'être allé au bout de moi-même* ». La navigatrice d'Initiatives-Cœur, après avoir formé un cœur la veille sur la cartographie, s'est réjouie d'avoir « *sauvé cent deux enfants* » avec Mécénat Chirurgie Cardiaque. Sa consœur de MACSF, elle, livre une introspection particulièrement touchante : « *J'ai rencontré le pire et le meilleur. C'était comme un miroir grossissant. [...] Quand ça n'allait pas, j'avais envie de le dire. On nous voit comme des héros et il y a une injonction à l'être. J'avais l'impression que les gens auraient aimé que j'aille bien tout le temps ou que je réussisse à prendre tout de suite du recul. Mais ce n'est pas toujours comme ça que les choses se passent. Cela arrive de ne pas rebondir tout de suite.* » Malgré ce constat, Isabelle a tenu bon. Son souhait désormais ? Profiter des siens et « *sentir l'immobilité sous mes pieds* ». Deux femmes « courage », les pieds sur terre et les rêves en mer, ont ainsi conclu leurs fabuleuses aventures.

« Le Vendée Globe {est la course} où j'ai traversé le plus d'émotions. »
Sam Davies

MACSF
MACSF

SAUVEZ UN ENFAN
VINCI ENERGIES
Alex Oli
chocolats du cœ

« C'ÉTAIT UNE AVENTURE MAGIQUE. QUI RESTERA GRAVÉE POUR TOUJOURS. »
ALEXIA BARRIER

Alexia Barrier, leçon de combativité

Dimanche 28 février à 7h23

Temps de course : 24e en 111 jours, 17 heures, 3 minutes

Elle s'est avancée jusqu'à l'étrave du bateau et a poussé un cri fort, puissant, à en faire oublier l'effet de la houle et des bateaux accompagnateurs. En ce samedi matin, Alexia Barrier franchit la ligne d'arrivée alors que le jour se lève au large de la Vendée.

Ses traits sont tirés, les cernes creusés, mais il y a une lumière dans son regard. « *C'était une aventure magique, qui restera gravée pour toujours.* » Alexia s'est engagée dans une course contre-la-montre jusqu'au bout, avec un sponsor arrivé en septembre, une poulie de bastaque tribord qui explose le jour de Noël, la violence des éléments à l'approche du cap Horn, les grains qui s'accumulent sur la remontée de l'Atlantique et une mauvaise chute qui lui fait mal au dos. Quand elle pose pied à terre, Alexia utilise même une béquille.

Mais la navigatrice de quarante et un ans au grand cœur, pour qui le Vendée Globe a toujours été « *un rêve de petite fille* », savoure. Elle a réussi à mener jusqu'au bout celui qu'on surnomme « Le Pingouin », l'un des plus vieux bateaux de la flotte, vingt-deux ans à sillonner les océans, soit sept tours du monde et cinq Vendée Globe. Catherine Chabaud avait ouvert la voie à son bord en 2000. L'actuelle députée européenne était là pour accueillir Alexia, et la photo de famille était belle, avec Sam Davies, Romain Attanasio, Manuel Cousin ou encore Jean-Pierre Dick. Dans ses premiers mots, elle évoque la notion du temps chamboulé – « *j'ai l'impression d'être partie hier et en même temps d'avoir passé toute ma vie sur l'eau* » – cette course, « *la plus extrême* » et cette vie « *en complète harmonie avec la nature* ». Les dernières semaines de course, Alexia s'activait déjà à préparer la suite. À s'interroger sur le budget, les sponsors, le nouveau bateau. Elle rêve « *d'un projet compétitif sans lâcher ses valeurs* », elle pense à 2024, avance encore, tout en ayant acquis la certitude de faire partie de l'histoire de cette course qui la fait rêver depuis ses dix ans.

<< JE CROYAIS QUE LES SKIPPERS ÉTAIENT DES EXTRATERRESTRES. >>
ARI HUUSELA

« Happy » comme Ari

Vendredi 5 février à 8h35

Temps de course : 25e en 116 jours, 18 heures, 15 minutes

Il s'agit d'un sourire, encadré par une barbe poivre et sel plus ou moins fournie, et d'un mot qui revient sans compter : « happy ». Content, joyeux, heureux, satisfait…

La traduction a ses déclinaisons et un fidèle adepte, Ari Huusela, qui l'employait sans compter depuis le départ et un peu plus à mesure que l'arrivée se rapprochait. « Happy » d'avoir participé à cette incroyable aventure à cinquante-huit ans, lui, le pilote d'un Airbus A350 de la compagnie Finnair, qui a passé quatre ans à se battre, avec sa femme Nina, pour rassembler des sponsors. « Happy » d'avoir la reconnaissance de tout un pays, la Finlande, qui n'avait jamais vu l'un des siens participer au Vendée Globe. « Happy » d'avoir résisté à un orage épouvantable dans le Pot-au-Noir, à un problème de grand-voile « *qui tombait en lambeaux* », aux problèmes électriques et à la tempête à proximité du cap Horn. « Happy » d'avoir ramené son bateau à bon port, lui qui tenait absolument à le maintenir intact jusqu'au bout afin de pouvoir le vendre.
« *Je ne le pousse qu'à 60% de ses possibilités. Je fais des chek-lists en permanence, comme si j'étais dans un avion. Et je pilote avec précaution.* » Il y a du bon à attendre Ari Huusela, à s'obliger à prendre le temps et à ressentir les effets du vent. À Ouest-France, il explique : « *Le meilleur, c'est de prendre une tasse de café tous les jours et de profiter des plus beaux couchers ou levers de soleil que j'aie jamais vus.* » Un lever de soleil, justement, c'est ce qui l'attendait à son arrivée aux Sables d'Olonne. Ari franchi la ligne le dernier, même si au Vendée Globe la dernière place n'en est pas vraiment une, surtout lorsqu'on s'inscrit dans la lignée de Jean-François Coste, Jean-Yves Hasselin ou encore Catherine Chabaud, eux aussi « lanternes rouges » en leur temps, mais respectés pour toujours par les femmes et les hommes de mer. « *Je croyais que les skippers étaient des extraterrestres et non des humains,* confie Ari quelques minutes après son arrivée. *Mais je l'ai fait, et je suis un humain. C'est donc possible.* » Il confie avoir pleuré toute la nuit qui a précédé l'arrivée. L'émotion, l'abnégation, la grandeur du défi… Tous les souvenirs sont remontés, les Sablais l'ont applaudi et le skipper amateur a savouré. « Happy » qui, comme Ari, a fait un beau voyage…

YANNICK BESTAVEN
SIMPLY THE BEST

PORTRAIT DU VAINQUEUR

Le grand public a d'abord découvert sa trajectoire pixélisée, ce trait rouge qui trace sa route et défie les favoris.

Et puis, il s'est familiarisé avec un visage : les cheveux sombres en bataille, les yeux ronds comme des billes qui savent aussi bien fixer l'horizon qu'accrocher un regard, les pommettes rehaussées par un sourire et le début d'une barbe poivre et sel. Yannick Bestaven a les mains lisses, mais le visage buriné par les embruns. C'est un dur au mal aussi, un homme qui peut s'infliger des semaines aux écoutes, à s'attarder à chaque détail pour avancer sans relâche. Le skipper est peut-être devenu « The Bestaven » – comme l'a titré *L'Équipe* après son arrivée –, mais il est surtout resté Yannick. Un marin respecté qui a fait ses gammes loin des habitudes du milieu, des premiers bords en famille et en Bretagne.

La victoire, douze ans plus tard

Chez les Bestaven, la mère est hôtesse de l'air, le père géomètre. Le large est loin, mais Yannick s'essaie au canoë-kayak à Pau avant la planche à voile et le surf à Arcachon. C'est là qu'il s'inscrit dans le club de voile local, qu'il cultive son admiration pour Tabarly et Le Cam, qu'il s'amuse à enchaîner les régates avec des potes comme un groupe de rock à travers l'Europe et qu'il débute un parcours qui le mène jusqu'à la victoire de la Mini-Transat en 2001.

La course au large lui ouvre alors les bras, Yannick s'y fait sa place. Sept ans plus tard, il est sur la ligne de départ du Vendée Globe. Sauf que le rêve d'une vie se brise en moins de 48 heures. Le mât d'Aquarelle.com se disloque et son monde s'écroule. « *Je considère ne pas avoir fait le Vendée Globe* », confie-t-il ensuite avec pudeur. Il lui faudra douze ans pour motiver un nouveau sponsor, lancer un projet, croire en son étoile, obstiné et passionné. Yannick aura résisté aussi à un incendie dans les locaux de son entreprise en 2016, aux doutes qui rongent et à la malchance qui ne devrait pas exister.

Bien dans ses baskets, bien dans ses bottes

Amoureux de la mer, le skipper est en prise avec le monde de la terre. Il est père de deux filles – Mona et Loïse, âgées de quinze et douze ans – et a l'humilité et la simplicité de ceux qui aiment tant partir au large. Son sponsor, Maître CoQ, une PME vendéenne ayant des agriculteurs comme actionnaires, lui permet d'être simplement en phase avec ses aspirations. Dans la presse après sa victoire, on découvrira qu'il a aussi « *distribué bénévolement des invendus alimentaires pour l'association*

«JE CONSIDÈRE NE PAS AVOIR FAIT LE VENDÉE GLOBE.»
YANNICK BESTAVEN

la Halte du Cœur». En somme, un skipper aussi bien dans ses baskets que dans ses bottes. Un homme simple, droit, altruiste. Un champion comme il en manque tant. Ou un marin, tout simplement.

Extrait de *Vendée Globe, Les aventuriers du Grand Sud*, Hugo Sport. *Libération*, le 1/2/2020.

CLASSEMENT FINAL

	SKIPPER/BATEAU	DATE D'ARRIVÉE	TEMPS DE COURSE
1	Yannick Bestaven Maître CoQ IV	28/01/2021 04:19:46 FR - 10h 15min 00s	80j 03h 44min 46s
2	Charlie Dalin Apivia	27/01/2021 20:35:47 FR	80j 06h 15min 47s
3	Louis Burton Bureau Vallée 2	28/01/2021 00:45:12 FR	80j 10h 25min 12s
4	Jean Le Cam Yes We Cam !	28/01/2021 20:19:55 FR - 16h 15min 00s	80j 13h 44min 55s
5	Boris Herrmann SeaExplorer - Yacht Club de Monaco	28/01/2021 11:19:45 FR - 06h 00min 00s	80j 14h 59min 45s
6	Thomas Ruyant LinkedOut	28/01/2021 05:42:01 FR	80j 15h 22min 01s
7	Damien Seguin Groupe APICIL	28/01/2021 12:18:20 FR	80j 15h 22min 01s
8	Giancarlo Pedote Prysmian Group	28/01/2021 13:02:20 FR	80j 22h 42min 20s
9	Benjamin Dutreux OMIA - Water Family	29/01/2021 10:05:20 FR	81j 19h 45min 20s
10	Maxime Sorel V And B - Mayenne	30/01/2021 04:50:15 FR	82j 14h 30min 15s
11	Armel Tripon L'Occitane en Provence	01/02/2021 07:27:50 FR + 02h 00min 00s	84j 19h 07min 50s
12	Clarisse Crémer Banque Populaire X	03/02/2021 16:44:25 FR	87j 02h 24min 25s
13	Jérémie Beyou Charal	06/02/2021 09:15:58 FR	89j 18h 55min 58s
14	Romain Attanasio Pure - Best Western®	06/02/2021 17:06:02 FR	90j 02h 46min 02s
15	Arnaud Boissières La Mie Câline - Artisans Artipôle	11/02/2021 08:56:06 FR	94j 18h 36min 06s
16	Kojiro Shiraishi DMG MORI Global One	11/02/2021 11:52:56 FR	94j 21h 32min 56s
17	Alan Roura La Fabrique	11/02/2021 20:29:56 FR	95j 06h 09min 56s

	SKIPPER/BATEAU	DATE D'ARRIVÉE	TEMPS DE COURSE
18	Stéphane Le Diraison Time For Oceans	11/02/2021 22:36:00 FR	95j 08h 16min 00s
19	Pip Hare Medallia	12/02/2021 01:57:30 FR	95j 11h 37min 30s
20	Didac Costa One Planet One Ocean	13/02/2021 20:47:03 FR	97j 06h 27min 03s
21	Clément Giraud Compagnie du lit - Jiliti	16/02/2021 10:28:31 FR	99j 20h 08min 31s
22	Miranda Merron Campagne de France	17/02/2021 23:16:51 FR	101j 08h 56min 51s
23	Manuel Cousin Groupe SÉTIN	20/02/2021 08:35:40 FR	103j 18h 15min 40s
24	Alexia Barrier TSE - 4myplanet	28/02/2021 07:23:44 FR	111j 17h 03min 44s
25	Ari Huusela Stark	05/03/2021 08:35:46 FR	116j 18h 15min 46s
26	Sébastien Destremau merci		
27	Isabelle Joschke MACSF		
28	Fabrice Amedeo Newrest - Art & Fenêtres		
29	Samantha Davies Initiatives-Cœur		
30	Sébastien Simon ARKEA PAPREC		
31	Alex Thomson HUGO BOSS		
32	Kevin Escoffier PRB		
33	Nicolas Troussel CORUM L'Épargne		

Au regard du temps consacré au sauvetage de Kevin Escoffier (PRB), et après évaluation de l'impact sur leur course, le jury international du Vendée Globe a attribué des heures de **compensation** à Boris Herrmann (6h00), Yannick Bestaven (10h15) et Jean Le Cam (16h15). Cette compensation a été **appliquée au passage de la ligne d'arrivée.**

NOSTALGIE IODÉE

Les semaines sont passées et les jours s'écoulent différemment. Pour le public, il n'y a plus les petites habitudes de l'hiver – la cartographie, les rendez-vous cathodiques, la recherche d'une vidéo en plus et d'une dernière gorgée de mer. Pour les marins, il n'y a plus d'élan vers l'avant, de milles à avaler coûte que coûte et d'état d'esprit combatif à conserver. En remettant le pied à terre, ils ont conclu le plus beau des feuilletons, si loin des problèmes de la terre, confinée et engoncée dans l'hiver.

L'époque, malgré le chaos sanitaire, est propice aux exceptions. Ce Vendée Globe l'a démontré à sa manière : fini le rush triomphant d'un homme, fini le duel entre deux acharnés et place à une bagarre de chaque instant. La course a connu dix leaders, ils étaient cinq à pouvoir s'imposer jusqu'au dernier jour, ils seront dix à arriver dans un tourbillon, en 72 heures. Les phénomènes météo n'ont pas aidé la tête de course à filer, le Vendée Globe a pris des allures de Solitaire du Figaro et la circonvolution a fini par couronner Yannick Bestaven, gueule de mer, volonté de fer et humilité chevillée au corps.

Mais qu'ont-ils retenu, eux, ces femmes et ces hommes, à n'avoir eu pour seul horizon qu'une longue étendue liquide ? Ils ont appris sur eux-mêmes, ont disséqué leurs failles et combattu leurs doutes. Ils ont démontré à nouveau, parce qu'avec les océans il ne peut pas en être autrement, que la mer ne se dompte jamais, qu'elle s'apprivoise, que l'homme est immensément petit face à la nature et aux aléas qu'elle engendre. Les chaudes larmes de ceux qui ont renoncé ne sont ainsi pas éloignées de celles des skippers qui sont allés au bout.

Tous, en ciré au large ou au chaud à terre, ont été touchés par le sauvetage de Kevin Escoffier. Mais ce qui est beau est ailleurs : aucun des autres skippers n'aurait hésité à se détourner, aucun n'aurait pensé à privilégier sa course plutôt qu'à aider l'un des leurs.

Cette solidarité et cette fraternité, cette bande joyeuse qui partage sans compter ses sensations et ses galères, sont une leçon d'humilité et d'humanité, la preuve que la vie n'est belle qu'en étant l'agglomérat d'expériences et de moments intenses. La preuve, enfin, que la mer est le plus beau royaume de l'imaginaire, à donner envie de s'y lancer à nouveau, là-bas, par-delà les appréhensions et l'horizon, pour faire rêver encore un peu plus et s'incliner face à la nature et à sa beauté.

60°
30°
0°
30°
LES SABLES D'OLONNE
Cap Horn